Anna Ugryumova

Glück nach Maß

Die wahren Geschichten der Bräute

novum pro

www.novumverlag.com

Bibliografische Information
der Deutschen Nationalbibliothek:

Die Deutsche Nationalbibliothek
verzeichnet diese Publikation in
der Deutschen Nationalbibliografie.
Detaillierte bibliografische Daten
sind im Internet über
http://www.d-nb.de abrufbar.

Alle Rechte der Verbreitung,
auch durch Film, Funk und Fernsehen,
fotomechanische Wiedergabe,
Tonträger, elektronische Datenträger
und auszugsweisen Nachdruck,
sind vorbehalten

Gedruckt in der Europäischen Union
auf umweltfreundlichem, chlor- und
säurefrei gebleichtem Papier.

© 2023 novum Verlag

ISBN 978-3-99131-386-1
Lektorat: Laura Oberdorfer
Umschlagabbildung: Anna Ugryumova
Umschlaggestaltung, Layout & Satz:
novum Verlag
Innenabbildungen: ASKTHEDUST

Die folgenden Geschichten sind wahr
und haben sich im realen Leben so
zugetragen; die Namen der beteiligten
Personen wurden jedoch verändert.

www.novumverlag.com

Mein Name ist Anna, ich bin Brautmodendesignerin. 15 Jahre lang habe ich Bräuten bei der Auswahl ihres wichtigsten Kleides geholfen. Ich habe nie meine Brautkleider nur als Kleider gesehen. In meinen Kollektionen konnte und kann man die Reflexion jeder einzelnen Frau spüren. Ich las einfach die Aura der Frauen ab, die meine magische Oase betraten. Jede Kundin, jede Braut hat mich bei meiner Arbeit inspiriert.

Stellen Sie sich vor: Schwebende, schwerelose Wolken aus feinstem Seidenchiffon, Georgette, Crêpe de Chine und Organza, Taft und Satin; Elfenbein, Puder, Creme und andere zarte Farbtöne ... das Schimmern von glitzernden Steinen und das edle Strahlen von exotischen Blumen auf den Spitzen ... Die Variationen der Kombinationen sind unendlich wie das Universum. Mein Atelier war eine wahre Oase aus Seide und Spitzen. Viele träumten davon, hierher zu kommen. Ich erinnere mich daran, wie junge Mädchen fast jeden Tag ihre Nasen gegen die Schaufenster drückten, um sich zumindest durch das Glas wie eine echte Prinzessin zu fühlen. Einige Frauen haben mir erzählt, dass sie gerne die Kleider anprobieren würden, ohne überhaupt zu heiraten. Ich kann sie verstehen. Ein Hochzeitskleid ist magisch, ein Märchen, es raubt einem den Atem.

Nur jetzt begreife ich, dass es meine Mission war, eine Brücke zwischen allen Emotionen und dem Handwerk zu sein.

Ich habe meinen Mitarbeitern und Kollegen immer gesagt: „Wir machen keine Kleider, wir erschaffen Gefühle. Wir kreieren Emotionen." Meinen Bräuten gab ich oft den Tipp bei der Suche nach einem Brautkleid nicht die Kleider miteinander zu vergleichen, von der Ausschnittform oder den Details der Stoffe her. Sie sollen vielmehr auf ihre Gefühle achten, auf alle Facetten der Emotionen, die zum Vorschein kommen, wenn sie das Kleid tragen.

Im Laufe der Arbeit im Atelier habe ich fast 3000 Bräute verheiratet. Ich erinnere mich an alle ihre Gesichter, ihr Lächeln, ihre Tränen des Glücks. Mit der Zeit wurde mir die untrennbare, tiefe Verbindung zwischen den Emotionen meiner Bräute und der physischen Materie in Form von Seide bewusst. Kilometer Stoff, unzählige Steine und Bänder und immer wieder Lächeln und Glückstränen. So wurde mein Leben gemessen. Ich bin allen meinen Bräuten sehr dankbar für ihr Vertrauen und ihre Gefühle. Mein Atelier bewahrt die Magie jedes Augenblicks der Auswahl eines Kleides. Vielen Dank an jede von Ihnen für diese ungemein kraftvolle, weibliche Energie, die mir bei jeder Hochzeitskollektion als Muse diente.

Ich habe nie ernsthaft darüber nachgedacht, ein Buch über meine Erfahrung in einem Brautmoden-Atelier zu schreiben. Ich habe nie versucht, alle Geschichten zu notieren, um diese in Erinnerung zu behalten. Ich war in jeder einzelnen Geschichte eine stille Beobachterin und zugleich Mitspielerin. Ich war ein Teil jeder einzelnen Geschichte, jeder einzelnen Frau, die auf diese Art und Weise in mein Leben getreten ist.

1. JANINE

Das Telefon klingelte. Die Stimme der Frau in der Leitung klang ruhig und selbstbewusst. Ihre Ruhe überraschte mich. Ich erlebe Bräute meistens aufgeregt und von Emotionen überwältigt.

„Mein Name ist Janine. Ich hätte gern einen Termin in Ihrem Atelier. Ich interessiere mich für ein bestimmtes Kleid."

„Nun", sagte ich, „welche Zeit ist für Sie für eine Anprobe günstig? Unter der Woche oder vielleicht am Samstag?" Ich schlug nach freien Terminen im Kalender nach.

„Ich bin in einer Stunde da", antwortete die Stimme kompromisslos und legte auf.

Diese Stunde verging fast augenblicklich. Ich hatte kaum Zeit, die Anprobe für eine frühere Kundin rechtzeitig abzuschließen. Eine schlanke und außergewöhnlich attraktive Frau von ca. 40 Jahren betrat das Atelier. Ihr ganzes Auftreten strahlte Luxus aus. Der berauschende Patschuli-Duft ihres Parfums breitete sich sofort im Raum aus und das anmutige, gemessene Klackern der Absätze schien im Rhythmus ihres Herzens zu klingen. Sie warf beiläufig ihren pastellfarbenen Kaschmirmantel ab. Ich bemerkte, mit welcher Eleganz sie gekleidet war: Eine Seidenbluse und eine enge, kastanienbraune Hose mit perfektem Schnitt unterstrichen ihre schlanken Formen. Vom luxuriösen Look dieser unglaublichen Frau war ich aufrichtig hingerissen. Zweifellos war sie ein echter Diamant, der es wert war, von allen bewundert zu werden.

„Kaffee, Wasser oder Crémant?", bot ich an.

„Wasser, bitte."

Als ich zurückkam, stand die wunderschöne Blondine bereits in einem Hochzeitskleid vor dem Spiegel. Normalerweise helfe ich meinen Bräuten immer beim Anziehen des Kleides. Im Fall von Janine lief es anders ab. Eine selbstständige Braut, die genau wusste, was sie nicht nur vom Kleid, sondern auch vom Leben wollte. Meistens nehmen sich Bräute viel Zeit, um „das Kleid" zu finden. Die Anprobe dauert mindestens eine Stunde und während dieser Zeit werden durchschnittlich zehn Kleider anprobiert. Es kommt oft vor, dass die Entscheidung nach stundenlanger Anprobe doch auf das erste Kleid fällt.

Ich persönlich sah Janine als Femme Fatale, in einem figurbetonten Kleid, mit einem tiefen Dekolleté oder extravaganten Ausschnitten. Doch das Kleid, das sie gewählt hatte, hinterließ mich sprachlos. Es war ein zartes Kleid im Empire-Stil, hochgesetzte Taille, mit einem Satinband unter der Brust, pure Romantik mit weichen Puffärmeln, in feinster Spitze und mit einer mädchenhaften Silhouette.

Janine ließ ihre Haare fallen und war augenblicklich ganz verwandelt. So weich, zart, charmant, verletzlich. Ich war verwirrt.

„Das ist mein Kleid", sagte sie.

„Wollen Sie nicht noch andere Kleider ausprobieren? Wir haben viele aufregende Modelle in der aktuellen Kollektion!"

„Nein, ich bin gekommen, um dieses Kleid zu kaufen."

Meine Welt war erschüttert! Eine Braut, die das erste und einzige Kleid wählt, ohne ihre Entscheidung auch nur eine Sekunde lang anzuzweifeln? Unglaublich. Unmöglich.

In der Zwischenzeit rückte das Hochzeitsdatum von Janine immer näher. Jeden Tag wartete ich darauf, dass Janine anrief, um einen Anprobe-Termin zu vereinbaren. Aber sie hatte es überhaupt nicht eilig. Nun, es war offensichtlich, dass diese Braut Charakter hatte. Ich war mit den Anproben und Vorbereitungen von anderen Kunden gut beschäftigt, aber ich hatte die Vorahnung, dass diese selbstbewusste Schönheit wieder genauso unerwartet in meiner Boutique auftauchen würde, wie beim ersten Mal.

Und genauso geschah es. Der atemberaubende Duft ihres Parfums breitete sich augenblicklich raumfüllend aus.

„Bis zu Ihrer Hochzeit bleibt nur noch eine Woche!" Ich blickte sicherheitshalber nochmal in den Kalender, um den Termin zu kontrollieren.

„Das stimmt, aber ich habe es nicht eilig. Ich habe die Zeremonie um einen Monat verschoben!"

Janine strahlte. Ihre Haare fielen in sanften Wellen um ihr schönes Gesicht, ihre Augen funkelten und ein leichtes Lächeln verließ nie ihre Lippen. Sie setzte sich anmutig auf das Sofa und begann ein kaum hörbares Gespräch mit Katrin, der Schwester einer Kundin, die für deren Anprobe mitgekommen war. Ich beendete die Anpassung des Brautkleides für Katrins Schwester und wollte gerade den Damen Kaffee anbieten, als ich plötzlich einen Satz hörte, der mich wie aus einem Traum riss.

„Ich habe nicht nur das Datum der Hochzeit, sondern auch den Bräutigam geändert", sagte Janine zuversichtlich und lachte fröhlich.

Im Raum wurde es plötzlich sehr still. Einige Sekunden lang traute sich keine von uns, diese ungeschickte Pause zu unterbrechen, da keine verstand, ob das Gesagte ein Scherz war oder nicht. Janine schloss verträumt die Augen, es schien, als würde sie in den schönsten Erinnerungen versinken und ihr Publikum völlig vergessen.

Nach ein paar Augenblicken sagte sie: „Ich heirate den Mann meines Lebens, er ist meine große Liebe. Wir kennen uns seit über 15 Jahren, aber wir waren die letzten drei Jahre nicht mehr zusammen. Wir haben so viele Höhen und Tiefen gemeinsam erlebt, aber ich sah ihn immer als meinen zukünftigen Ehemann, selbst als wir uns trennten. Ich wollte ihn nur eifersüchtig machen. Ich musste mir eine schöne Hochzeitsgeschichte einfallen lassen. Ich war wie besessen. Ich musste ihn unbedingt dazu bewegen, mich auch als seine zukünftige Frau zu sehen. Ich schrieb Beiträge auf Instagram und Facebook, zeigte die Auswahl eines Hochzeitskleides ... Er hat das alles beobachtet. Und es hat funktioniert!", sagte sie triumphierend.

„Er begann, sich erneut um unsere Beziehung zu bemühen und bald heiraten wir wirklich!"

Janines Geschichte kam mir lange nicht mehr aus dem Kopf. Was bewegt Frauen zu so einer klaren, obwohl oft unbewussten Erkenntnis? Zu sagen: „DAS IST ER, die Liebe meines Lebens. Das Schicksal. Das Universum." Werden sie von ihrer Intuition oder vom Herz geführt?

Mir wurde in diesem Moment klar, dass es mit der Wahl des Kleides ist wie mit der Wahl eines Mannes. Manchmal siehst du in einem Kleid wunderschön aus, elegant, großartig, nett, oder gut. Aber nicht wie du selbst. Und dann findest du dein Kleid und du findest dich darin. So ist es wohl auch mit der Liebe. Es kann ein toller, einfühlsamer, wunderbarer Mensch an deiner Seite sein, aber eben nicht dein Mensch. Manchmal kannst du aber gar nicht in Worte fassen, warum du jemanden liebst, nur, dass es genau derjenige ist, mit dem du einfach du selbst sein kannst.

Und dann ist die ewige Suche zu Ende und es braucht keine weiteren „Anproben" mehr. Wenn die Seele in einem glücklichen Flug ist, gibt es einfach keinen Platz für Zweifel und lange Gedanken. Es ist auch meine Aufgabe als Künstlerin, meinen Bräuten zu helfen, die Flügel auszubreiten und ihren Träumen nachzufliegen.

2. KATRIN

Katrin, die Schwester einer Kundin, war unglaublich bewegt von Janines Geschichte. Sie sprang auf und umarmte Janine fest, als ob sie nie wieder loslassen wollte. Sie war offensichtlich von ihrem Glück zutiefst gerührt.

Katrin war ein ganz anderer Frauentyp. Sie war eher klein und hatte schöne, feminine Rundungen. Ihre großen, blonden Locken umrahmten ihr frisches Gesicht und ihre Wangen leuchteten zart rosig.

„Bist du auch verheiratet?" Janine lächelte und hob leicht fragend die Augenbrauen.

„Bald nicht mehr", antwortete Katrin verlegen. Sie schien sich etwas in sich zurückzuziehen, ihre Schultern rundeten sich leicht und sie senkte den Kopf.

„Meine Hochzeit war erst vor drei Monaten und jetzt lassen wir uns scheiden", fuhr sie fort. Katrin schien so abwesend und gleichzeitig verträumt, als ob sie in einer anderen Realität wäre.

Sie lächelte geheimnisvoll und spielte mit den Falten ihres fließenden Plisseerocks. In ihrer Aufregung ähnelte sie einem kleinen, verschmitzten Mädchen, das gerade einen Unfug angestellt hatte.

„Sechs Monate vor der Hochzeit traf ich den Mann meiner Träume. Mir wurde klar, dass mein Verlobter und ich nicht für immer zusammen sein würden."

Katrins Satz über ihre bevorstehende Trennung hallte in meinem Kopf wider. Ich konnte mein Erstaunen natürlich nicht zurückhalten, starrte sie an und wartete auf die Fortsetzung der Geschichte. Nach einer kurzen, etwas verlegenen Pause ihrerseits fragte ich dann:

„Katrin, hast du diesen Mann geheiratet, obwohl du wusstest, dass dieser Mann nicht dein Schicksal ist?" Ich war fassungslos.

„Es war mir von Anfang an klar, dass es nicht für immer ist. Es kam aber eines nach dem anderen, die Hochzeitsvorbereitungen verliefen in vollen Zügen, es war so aufregend … Ich wollte meine Familie und Freunde nicht enttäuschen, alle freuten sich doch so darauf!

Es war mir auch so wichtig, mindestens einmal im Leben ein weißes Kleid zu tragen, von dem ich seit meiner Kindheit geträumt hatte. Und ja, ich habe auch aus Statusgründen geheiratet. Wer weiß, Mädels, ob ich je wieder einen Antrag bekomme? Geschieden zu sein bedeutet mehr Prestige, als niemals verheiratet gewesen zu sein. Oder?"

Ich habe sehr lange über Katrins Worte nachgedacht. Tatsächlich bedient und pflegt die moderne Gesellschaft Klischees. Eine Frau über 40 erscheint wie eine Verliererin, wenn sie noch nie im Standesamt war. Nicht schön genug, nicht klug genug, nicht gut genug ... Es stimmt eindeutig etwas nicht mit ihr, wenn niemand sie heiraten will. Und immer wieder kommt die Frage: „Wann ist es denn endlich so weit?" Egal wie scharf die Antworten sind, das Herz jeder einzelnen Frau zieht sich bei dieser Frage zusammen. Unter einem solchen gesellschaftlichen Druck zu leben ist nicht einfach. Männer hingegen haben nichts zu befürchten. Mit 30, 40, 50 Jahren sind sie trotzdem begehrenswerte Junggesellen. Es ist sogar unbestreitbar ein Bonus, wenn sie keine Vorerfahrungen in einer Ehe und auch keine Unterhaltszahlungen zu leisten haben. Ein James Bond würde nicht so eine magnetische Anziehungskraft haben, wenn er als verheirateter Mann dargestellt worden wäre!

Katrin hatte Recht. In der Tat ist es besser, sich dreimal scheiden zu lassen, als nicht einmal zu heiraten.

Es hat lange gedauert, bis ich diese Idee akzeptiert habe. Alles in mir protestierte dagegen. Wie kann das sein? Jede Frau träumt davon, dass ihre Ehe ein Leben lang hält, aber das Leben selbst ist unvorhersehbar. Ich habe damals überlegt, diese Worte an den Wänden meiner Boutique festhalten. Etwas später ließen die Emotionen nach und ich entschied mich, alles zu lassen, wie es ist.

3. JULIA

Kennen Sie die 5-Sekunden-Regel? Im Leben gibt es so viele Momente, in denen man etwas entscheiden muss. Oft muss das schnell gehen, ist aber nicht so einfach, wie es scheint. Es gibt einfach zu viele Möglichkeiten, zu viele Situationen, die man durchspielen will, um auf alles vorbereitet zu sein. Man ist zwischen Herz und Verstand hin- und hergerissen. Am Ende begreifen wir schlimmstenfalls noch weniger, was wir eigentlich wollen.

Dafür gibt es ein Mittel, das helfen kann. Wenn ich vor einer Entscheidung stehe, halte ich an und zähle langsam bis fünf. Dabei konzentriere ich mich auf mein Herz, auf mein Gefühl. Was will es mir sagen? Spüre ich einen Impuls im Körper, entsteht ein Dialog?

Nach diesen ersten fünf Sekunden kommt dann der rationale Verstand dazu und bringt Zweifel mit sich. Man muss ja vernünftig sein, über alles noch mal genau nachdenken, alles abwägen. In diesem Moment hören wir auf, auf unser Herz zu hören.

Auf dieses Prinzip der fünf Sekunden kann man in den meisten Situationen zurückgreifen, egal, wie groß die Entscheidung ist. Zum Beispiel, wenn man ein Hochzeitskleid auswählen will.

In diesem Kapitel erzähle ich von Julia, einer jungen Braut, bezaubernd wie ein Engel, mit himmelblauen Augen und blonden Haaren. Julia kam zu ihrem Anprobe-Termin ziemlich genau ein Jahr vor ihrer Hochzeit. Ihre Schwester und zwei Freundinnen begleiteten sie, um sie bei der Auswahl ihres Kleides zu unterstützen.

Julias Figur war so makellos, dass jedes Kleid ideal saß. Ausnahmslos alle Farbtöne und Schnitte passten ihr. Dass ihr so viele Kleider so gut passten, war ein richtiges Luxusproblem. Diese Frau musste nichts unterstreichen oder verbergen, um schlanker, kleiner oder größer zu wirken. Es war offensichtlich, dass meine Kundin ihr Spiegelbild genießen konnte.

Letztendlich wurde die Auswahl auf zwei sehr verschiedene Kleider eingeschränkt.

Das eine war pudrig roséfarben, ein fließender Rock aus Seidentüll und luftige Spitzen auf dem Oberteil unterstrichen ihre Jugend, die bezaubernde Frische und Zartheit.

Die zweite Variante war ein Kleid im minimalistischen Stil, mit einem tiefen Rückenausschnitt. Der feste Seiden-Jacquard betonte die ideale, unglaublich verführerische Silhouette der Braut.

Bei der ersten Anprobe konnte sich Julia nicht zwischen den beiden Kleidern entscheiden.

Eineinhalb Monate später rief sie mich an, um erneut eine Anprobe zu vereinbaren, und eine endgültige Wahl zu treffen.

„Diese ganze Zeit lang habe ich von meiner Hochzeit geträumt", sagte Julia, als sie den Salon betrat.

„Und welches Kleid hast du im Traum gewählt?", fragte ich gespannt darauf, ob sie ihre Wahl schon getroffen hatte.

„Beide! Beide Kleider gehen mir seither nicht aus dem Sinn, aber ich glaube, dass ich heute bereit bin, zu wählen."

Ich half ihr, beide Modelle wieder anzuprobieren. Auf einmal verschwand das Lächeln vom Gesicht der jungen Braut. Sie wirkte plötzlich angespannt, ungewohnt ernst und schweigsam. Es war ihr anzusehen, dass sie zwischen ihrem Herzen und ihrem Verstand hin- und hergerissen war und es schien, dass das Herz diesen Kampf nicht gewinnen konnte.

Auch an diesem Tag kam es nicht zu einer Entscheidung. Wir vereinbarten einen dritten und einen vierten Anprobe-Termin, aber auch sie blieben genauso ergebnislos. Das Hochzeitsdatum rückte immer näher und damit auch der fünfte Anprobe-Termin. Sollte Julia wieder Zweifel haben, würde mir keine Zeit mehr bleiben, um das Kleid fertigzustellen.

Diesmal brachte meine Braut ihre ganze Familie mit. Ihre Eltern, die Schwester, die Großmutter und die beste Freundin. Alle waren in guter Laune und wollten aufrichtig bei der Wahl helfen.

Julia kam im ersten Kleid heraus. Sie strahlte, wie ein erlesener Diamant. Die junge Frau musste sich nicht mehr im Spiegel anschauen, da sie ja jedes Detail des Kleides schon auswendig kannte. Sie versuchte die Antworten in den Augen ihrer Liebsten abzulesen.

Alle Anwesenden flüsterten aktiv untereinander, ihnen war klar, wie wichtig dieser Moment für die Braut war. Die Großmutter wischte sich unauffällig die Tränen aus den Augen. Als Julia im zweiten Kleid herauskam, konnte sich auch ihre Mutter nicht mehr zurückhalten.

„Du bist in jedem Kleid wunderschön", sagte ihr Vater mit inniger Bewunderung.

Es war alles umsonst. In der Umkleide fing Julia verzweifelt zu weinen an. Auch ich war durcheinander, in meinem Salon fließen sonst eigentlich Freudentränen.

„Hör mal", sagte ich, „wenn dir beide Kleider so gefallen, dann soll der Zufall entscheiden! Werfen wir eine Münze."

Im Salon wurde es plötzlich so still, als ob jemand einen Knopf gedrückt und die Zeit angehalten hätte. Ich konnte Julias Herzschlag hören.

„Großartige Idee!", rief der Vater der Braut und begann, in seinen Taschen nach einer Münze zu suchen. Alle nickten zustimmend.

Julias grausamer, innerer Kampf war damit zu Ende. Sie wischte sich die Tränen weg, strahlte ihr Spiegelbild an und sagte selbstsicher:

„Wir brauchen keine Münze. Ich habe entschieden, in welchem Kleid ich heiraten werde."

Einen Moment lang dachte ich, dass wir allein durch diesen entscheidenden Augenblick die Antwort auf alle Fragen gefunden hatten.

Eigentlich wusste Julia tief in ihrer Seele von Anfang an, welches Kleid sie gewählt hatte. Und auch ich wusste es. Wenn eine Braut „ihr" Kleid anzieht, sieht man es sofort. Ihre Aura verändert sich, wird funkelnd und magisch. Ich kann diese unglaublichen Veränderungen einer Frau darin lesen.

Die glückliche Julia heiratete im roséfarbenen Kleid.

4. JESSICA

Draußen war es ein sonniger Mittag im Oktober. Der Herbst ist im Atelier eine stillere, besinnliche Zeit. Der Großteil der prachtvollen Hochzeiten war schon verklungen, und ich konnte in Ruhe die wunderbare Welt betrachten und ohne Eile neue Werke gestalten. Ganz ohne Deadlines arbeitete ich im Atelier und erwartete ungeduldig Besuche neuer Musen. Ich brauchte frische Emotionen und Ideen, wie Luft zum Atmen.

Plötzlich ging die Tür auf und in den Raum stürmte ein Hurrikan namens Jessica.

Ich war so verdutzt, dass ich sie im ersten Moment nicht als Braut wahrnahm.

Wie ein bezaubernder Wirbelsturm fegte sie im Atelier von einer Kleiderstange zur anderen. Dann blieb die wunderschöne Unbekannte stehen und verkündete feierlich:

„Ich heirate demnächst und brauche dringend ein Hochzeitskleid."

Natürlich hatte sie keinen vorab ausgemachten Termin. Da ich aber das unendliche Glück meiner Besucherin sehen konnte, beschloss ich, von den Regeln abzusehen und alles Mögliche zu tun, damit Jessica sich gut fühlte.

„Guten Tag, ich bin Anna. Wann ist denn Ihre Hochzeit?"

„In vier Wochen", antwortete die Braut und steuerte auf den hintersten Kleiderständer zu.

Sie wählte schnell und entschlossen. Mir schien, dass Jessica auch andere, nicht weniger wichtige Entscheidungen in ihrem Leben genauso stürmisch traf.

Ihre Wahl fiel auf ein elegantes Kleid mit einem tiefen Ausschnitt, das ihre schön gerundete Figur sehr schmeichelhaft betonte und ihr Dekolleté zur Geltung brachte. Mit ihrem runden und frischen Gesicht wirkte sie so jugendlich, dass man ihr Alter unmöglich erraten konnte. Die feine Gestik und entschiedene Art ließen erahnen, dass hinter dieser Schönheit noch mehr steckte.

Ein weiteres Detail, das mir sofort auffiel, waren ihre Schuhe. Sie trug High Heels und war darin sicher und anmutig, ohne gleich nach einer Sitzgelegenheit zu suchen. Sie flatterte gleichsam darauf, wie ein entzückender Schmetterling.

Jessie genoss ihre Schönheit von allen Seiten, drehte sich zum Spiegel und betrachtete sich aus unterschiedlichen Blickwinkeln. Die fließende Seide betonte ihre schlanke Taille, ihre Figur war feminin, die Proportionen waren wie von einer Göttin. Sie erinnerte an die Schönheiten von Postkarten aus den 1950er Jahren. Es schien, dass Jessica vollkommen glücklich war. Sie strahlte ein warmes Licht aus, das alles um sie herum erleuchtete, wie der Oktobertag vor der Tür.

„Denken Sie, dass es ihm gefallen wird?" Ihre Stimme und ihr Blick wurden für einen Moment beinahe kindlich unsicher.

Zehn Tage vor Jessicas Hochzeit erfuhr ich, dass die Veranstaltung nicht stattfinden würde, zumindest nicht in diesem Jahr.

Sie versprach, sich im folgenden Jahr zur Anprobe anzumelden. Erstaunlicherweise schien sie sich über die Verschiebung des wichtigsten Ereignisses in ihrem Leben zu freuen.

„Das ist sogar besser so, bis zum nächsten Jahr kann ich noch zehn Kilogramm abnehmen. Wir können uns besser vorbereiten und mehr Gäste einladen. Die Hochzeit wird im August am Meer stattfinden, wenn es warm und die Aussicht am Strand fantastisch ist. Es will doch für gewöhnlich niemand im November heiraten!"

Ein Jahr später verschob sich die Hochzeit erneut ins Ungewisse. Zur Anprobe kam Jessica trotzdem. Ihre Figur hatte sich, ihren Absichten zum Trotz, nicht verändert. Sie hatte ihre schönen, weichen Rundungen behalten, voll von weiblicher Anmut. Sie trug wieder hohe Absätze. Sandalen mit zierlichen Riemchen, verziert mit bunten Steinchen.

Jessica nahm ihr Kleid mit und nach einiger Zeit erhielt ich eine Postkarte von ihr.

Die Hochzeit fand nie statt. Die Protagonistin unserer Geschichte bedanke sich aufrichtig für meine Arbeit und Geduld. Jessica trug ihr langersehntes Kleid zu ihrem Geburtstag. Sie wurde 30 Jahre alt, ein ausgezeichneter Grund um das Beste anzuziehen. Auf den Fotos sah sie, wie immer, großartig aus. Ich sah auf den Bildern zwar keinen Verlobten, aber auf ihr strahlendes Lächeln hatte das, meiner Ansicht nach, keinerlei Auswirkung. Möglicherweise hat Jessica trotz ihrer Trennung eine Hochzeit mit sich selbst gefeiert und zu sich selbst „Ja" gesagt. Ich denke, dass es wichtiger ist, eine gute Beziehung zur eigenen Persönlichkeit aufzubauen, bevor man eine Ehe eingeht. Die Liebe zu sich selbst ist eine Notwendigkeit, keine Laune des Moments oder egoistische Entscheidung. Sie ist die Basis unserer menschlichen Beziehungen. Damit wir mit unserem ganzen Wesen einen anderen Menschen lieben können, müssen wir erst lernen, uns selbst zu akzeptieren und zu lieben.

5. LINDA

Sind Sie generell oder auch nur in manchen Momenten abergläubisch? Ich bin es nicht. Schwarze Katzen und Freitag, der 13. haben absolut keine Auswirkung auf mein Gleichgewicht. Man sagt, dass es Unglück bringt, wenn der Bräutigam die Braut vor der Hochzeit im Brautkleid sieht. Ich rate Bräuten auch immer davon ab, ihren Verlobten zur Anprobe mitzubringen, aber nicht, weil ich im tiefsten Inneren an die Einwirkung dunkler Mächte glaube. Es kommt mir ungerecht vor, den Brautleuten die wertvollsten Emotionen zu rauben, ihnen die freudigen Erwartungen und glücklichen Vorstellungen zu nehmen. Jeder von uns braucht solche märchenhaften Momente, die unseren Seelen viele Jahre lang Wärme spenden.

Eine Geschichte hat mich allerdings dazu gebracht, meine Meinung zu überdenken.

Die Braut hieß Linda. Sie war eine ausgesprochene Perfektionistin. Die Frisur, die Maniküre, das Make-Up, sogar die Farbe der Schuhe und der Accessoires. Alles passte ideal zusammen. Ich war mir sicher, dass diese Frau selbst beim Aufwachen perfekt aussah.

Auf ihre Hochzeit bereitete sie sich über eineinhalb Jahre lang vor. Die Feierlichkeiten sollten in Italien stattfinden.

Es war nicht verwunderlich, dass auf dieser Hochzeit absolut alles bis auf das kleinste Detail abgestimmt sein musste, wie beispielsweise die Farbe des Tischgedecks. Die Gäste erhielten einen Dresscode und sollten in bestimmten Farben gekleidet erscheinen, um einen besonderen Effekt auf den Hochzeitsfotos zu erzielen.

Linda verzichtete bewusst auf einen Hochzeitsplaner, da sie sich sicher war, dass niemand dieser wichtigen Aufgabe besser gewachsen war als sie selbst. Sie bemühte sich, alle Situationen im Blick zu behalten und vorherzusehen, was eventuell schiefgehen könnte.

Die Wahl des Kleides ist die allererste Aufgabe, deshalb war das ein langer, sorgfältiger und anstrengender Prozess.

Meine Braut betrachtete sich in jedem Modell wie durch die Lupe. Sie setzte die Brille auf und wieder ab, ging näher an den Spiegel, um alle Details genauer sehen zu können. Die Form des Ausschnitts, die Spitze, die Stickereien. Mir kam es bisweilen vor, dass Linda ihr Spiegelbild ansah, ohne zu blinzeln.

Jede Anprobe begann exakt gleich: „Mir gefällt das Kleid sehr gut, aber …" Dieses „Aber" war ständig da. Der Rock war zu weit, zu schmal, der Ausschnitt zu tief, das Kleid zu hochgeschlossen. Es konnte stundenlang so weitergehen.

Linda wurde langsam ungeduldig, also musste ich intervenieren. „Es scheint mir, dass in meiner aktuellen Kollektion kein Kleid da ist, das Ihren Ansprüchen vollständig entspricht. Ich kann Ihnen nur eine exklusive Anfertigung vorschlagen."

„Oh ja!", sagte sie erleichtert.

Ich schlug vor, den Ausschnitt von einem Modell mit dem Grundschnitt eines anderen zu kombinieren. Mit den favorisierten Details vom dritten Kleid konnte alles zu einem stimmigen Ganzen zusammengefügt werden.

Linda konnte endlich aufatmen. Ihre Augen glänzten, sie machte einen kindlich freudigen Luftsprung und lief auf mich zu, um mich zu umarmen.

Selbstverständlich waren alle folgenden Anproben außergewöhnlich akribisch. Aber die Mühe war es wert. Das Kleid von Linda entsprach ganz ihr selbst. Es war tadellos und saß millimetergenau.

Das folgenreiche Ereignis fand tatsächlich an einem Freitag, den 13. statt. Die letzte Anprobe war für diesen Tag geplant und Linda wollte das Kleid sofort mitnehmen. Auch das war nicht verwunderlich, schließlich war keiner besser für diese Aufgabe geeignet als sie selbst.

Linda war aufrichtig glücklich über ihr maßgeschneidertes Kleid, aber ich bemerkte trotzdem eine Anspannung in ihrem Blick. Verständlich, die Hochzeit stand vor der Tür und die Koffer für die Reise nach Italien waren noch nicht gepackt. An ihrer Stelle würde wohl jede Frau nervös werden … Ich wünschte Linda, dass alles perfekt ablaufen sollte, und zweifelte keinen Moment lang daran, dass es auch tatsächlich so sein würde.

Drei Stunden später klingelte das Telefon. Ich hob ab und hörte nur ein lautes Schluchzen. Es war kein Wort zu verstehen. Eine Minute später wurde klar, was geschehen war. Linda schaffte es schließlich, sich genug zu beruhigen.

„Mein Kleid wurde gestohlen!"

„Wie? Was ist passiert?"

„Gleich nach unserem Termin bin ich einkaufen gefahren, ich musste noch etwas für die Zeremonie besorgen. Das Kleid ist

im Auto geblieben und ich habe in der ganzen Aufregung den Schlüssel in der Zündung stecken lassen. Als ich zurückkam, war das Kleid mitsamt dem Auto weg. Was mache ich denn jetzt? Ich kann ja nicht nackt heiraten!"
Wäre ich abergläubisch, würde ich sofort denken, dass das ein Wink des Schicksals ist. Aber will jemand so etwas in dieser Situation wirklich hören?
Linda war sehr bedrückt. Sie hoffte auf ein Wunder, ein neues Kleid in 48 Stunden. Doch selbst mit viel Kompromissbereitschaft war das unmöglich. Ich schlug vor, eines der fertigen Kleider aus meiner aktuellen Kollektion anzupassen und sie war sofort damit einverstanden.

Unterbewusst fühle ich mich für meine Bräute bis zum Augenblick ihrer Eheschließung verantwortlich. Ich muss ihre Wünsche und Sehnsüchte in die Realität umsetzen, egal was kommt. Die Anprobe war unglaublich schwer, als ob eine unsichtbare Macht etwas gegen das bevorstehende Ereignis gehabt hätte. Das Kleid wurde aber fertig und Linda sah darin umwerfend aus.

Drei Jahre später sahen wir uns in meinem Salon wieder. Tatsächlich wollte Linda wieder heiraten.

Sie hatte sich in dieser Zeit sehr verändert. Sie wirkte entspannt, ruhig und authentisch.

Dieses Mal verliefen die Hochzeitsvorbereitungen wesentlich ruhiger. Die akribischen Vorbereitungen zur ersten Hochzeit, der Druck zum Perfektionismus, das alles hatte Linda davon abgehalten, sich selbst treu zu sein. Mit der Zeit ließ sie diese Anspannung und den Zwang los, alles ins genaueste Detail durchplanen zu müssen und fand dabei mehr zu sich. Sie ist bis heute glücklich verheiratet.

6. **PETRA**

Draußen vor der Tür kündigte sich bereits die Vorweihnachtszeit an. In der Luft schwebte ein Zauber, im Lächeln der Menschen sah man wundervolle Erwartung an die kommenden Tage. Sie werden es mir vielleicht nicht glauben, aber die Weihnachtszeit ist die turbulenteste Zeit in meinem Atelier. Die meisten Anträge werden an den Feiertagen gemacht, um dem Moment eine noch besondere Aura zu verleihen.

In dieser Zeit kam eine zierliche Dame um die 60 in Begleitung zweier junger Frauen herein.

„Guten Tag, mein Name ist Petra, ich werde heiraten. Das sind meine Töchter", sagte sie in einem Atemzug, sichtbar aufgeregt. Die beiden Töchter sahen dagegen ruhig und sicher aus. Eine von ihnen machte sich gleich auf die Suche nach einem geeigneten Modell.

Petra blieb bei der Kleiderstange stehen und nickte nur bescheiden zu den Vorschlägen.

„Sie sind natürlich alle großartig, aber ich glaube, ich bin nicht mehr im richtigen Alter für diese Kleider."

Ich verstand Petras Aufregung. In den Jahren meiner Arbeit habe ich gelernt, die Gefühle meiner Bräute sehr gut einzuschätzen. Dieses Mal war es etwas Besonderes. Vor mir stand eine wundervolle, reife Frau, weise und erfahren, bezaubernd in ihrer Ruhe und damit noch anziehender. Ich ging zur Stange und suchte ein Kleid aus klassischer cremefarbener Spitze aus. Die durchsichtigen Ärmel betonten die Eleganz des Modells, die taillierte Silhouette und der fließende Rock gaben dem Gesamtbild eine unglaubliche Leichtigkeit.

„Ich hoffe, dass die Größe passt", sagte Petra etwas schüchtern. Ihr Blick begann vor Vorfreude zu glitzern.

Das Kleid saß perfekt. Die Braut war so gerührt, dass ihr Tränen in den Augen standen.

„Wissen Sie, Anna, ich habe so lange auf diesen Moment gewartet, fast 30 Jahre! Das Kleid ist wirklich wunderschön, wenn es möglich ist, würde ich es ohne Schleppe nehmen. So etwas passt eher für junge Bräute." Die Geschichte von Petra ist eine Geschichte von 30 Jahren Geduld.

An einem Weihnachtsabend schenkte Petras Geliebter ihr eine kleine Samtschachtel. Sie waren bereits seit sechs Jahren ein Paar. Ihr Herz pochte wie wild vor Aufregung, die Hände wollten nicht gehorchen. Ihre gesamte Familie war Zeuge dieses Moments. Noch ein Augenblick und es würde die Frage kommen, von der sie schon geträumt hatte. Petra schloss die Augen und öffnete entschlossen die kleine Schachtel. Wie groß war jedoch die Verwunderung, als sie darin statt dem ersehnten Ring zwei Perlenohrringe fand!

Im ersten Moment konnte sie sich kein Lächeln entringen, auf dem schönen Gesicht war die Enttäuschung deutlich zu sehen.

„Gefallen sie dir, meine Liebe?", fragte der Partner.

„Ja, sehr! Danke, mein Schatz." Die Tränen flossen frei über ihre Wangen.

„Aber warum weinst du denn?", wunderte sich ihr Freund.

„Ach, nur weil ich von deinem Geschenk so gerührt bin."

Seitdem bekam Petra jedes Jahr zu Weihnachten kleine Samtschachteln geschenkt. Mit Ketten, Anhängern, Broschen, Armreifen, aber nie einen Ring. Die Tränen der Enttäuschung konnte sie dabei nie ganz verbergen. Doch im hellen Glanz der weihnachtlichen Beleuchtung sahen sie aus, wie Tränen des Glücks. Und so ging es beinahe 30 Jahre lang. Das Paar bekam zwei Töchter, die ihre Mutter nach einer langen Zeit des Wartens nun bei ihrer Kleiderauswahl unterstützten.

„Petra, warum haben Sie nie gesagt, dass Sie auf ein anderes Geschenk hoffen? Warum haben Sie kein einziges Mal anklingen lassen, dass Sie gerne einen Ring hätten? Wieso haben Sie ihm nie gesagt, dass Sie heiraten wollen?"

Petra erzählte weiter: „Wie immer saßen wir zu Weihnachten beim traditionellen Abendessen zusammen. Es wurde Zeit, die Geschenke zu verteilen und ich gab meinem Partner ein Kuvert mit einem goldenen Band. Darin war eine Karte mit den Worten ‚Lass uns heiraten!'. Er las die Karte, dann umarmte er mich zärtlich und sagte: ‚Ja, warum denn nicht?'"
Petra stand in ihrem Hochzeitskleid aufrecht und selbstsicher vor dem Spiegel. Sogar die jüngsten Bräute würden neidisch auf ihre wundervolle, stolze Haltung werden. Sie war beinahe 62 Jahre alt und unglaublich schön. Eine kleine, bescheidene Frau, dabei anziehend wie eine Königin. Sie betrachtete sich im Spiegel. Ihre Augen glänzten vom hellen Licht oder vor lauter Tränen. Auf ihren Lippen spielte ein nicht enden wollendes Lächeln. Petra sah so rührend aus, so verletzlich, wie eine junge Frau vor ihrer ersten Verabredung. Sie hatte jahrelang an ihren Traum geglaubt und auf ihr Glück gewartet. Wer weiß, wie lange sie noch hätte warten müssen, wäre da nicht ihr Mut und die Karte mit dem goldenen Band gewesen.

7. KAROLINA

Wenn eine Braut auf die Suche nach ihrem Kleid geht, nimmt sie für gewöhnlich ihre liebsten Menschen mit, meistens nicht mehr als drei bis vier Personen. An einem warmen Frühlingstag wurde ich im Atelier aber von einer ganzen Gesellschaft überrascht. Karolina, die Braut, konnte sich einfach nicht entscheiden, mit wem sie dieses Sakrament teilen wollte. Es schien, als ob alle nahen und fernen Verwandten mit ihr mitgekommen waren. Die Eltern, zwei Schwestern, drei Freundinnen, Großmütter, Großväter, Onkel, Tanten, die zukünftige Schwiegermutter, Cousinen und die Nachbarin.

Während ich jeden Gast einzeln begrüßte, versuchte ich zu verstehen, wer von allen die Braut war. Normalerweise stellt sich die Frage nicht, man erkennt die Braut sofort am Leuchten in den Augen, dem geheimnisvollen Lächeln, den freudigen Gesten. Diesmal war alles anders. Die Freunde und die Schwestern übernahmen die Initiative und wählten die Kleider. Die Gäste verteilten sich im Geschäft, wie verstreute Perlen einer gerissenen Kette. Sie waren überall. Neben den Vitrinen, den Regalen mit Schmuck, den Spiegeln und natürlich auch bei den Kleidern. Von einer solchen Menge Menschen wurde mir schwindlig. Natürlich hatte jeder von ihnen auch eine Meinung zum Kleid. Von allen Seiten hörte man Sätze, wie Phrasen in einer Orchesterprobe: „Ach, dieses Kleid gefällt mir", „Ich würde eines ohne Spitze nehmen", „Mir gefällt der lange Rock besser", „Wenn ich heiraten würde, dann würde ich dieses nehmen", „Probiere das bitte an, mindestens für mich". Das Dröhnen der Stimmen schien eine Ewigkeit zu dauern. Nach ein paar Sekunden wurden die Orchesterparts noch eindringlicher: „Und ich", „Meiner Meinung nach", „Und das", „Und dieses dort".

Die Braut schwieg. Sie war eine kleine, zarte und sehr schüchterne, junge Frau. Mir kam vor, dass ihr dieses ganze Chaos fürchterlich peinlich war. Mein Herz zog sich voller Mitleid zusammen. Zu viele Menschen, Meinungen und Emotionen, alles wirkte wie ein Bazar und passte überhaupt nicht zur Heiligkeit dieses Moments. Die Gäste hatten scheinbar vergessen, warum sie gekommen waren.

Es braucht nicht viele Argumente, um ein passendes Hochzeitskleid auszusuchen. Nur eine Meinung ist wirklich wichtig. Die Meinung der Braut selbst. Um die Stimme des Herzens hören zu können, ist Stille in vielen Fällen hilfreich. Ich musste schnell selbst die Initiative ergreifen.

„Das fühlt sich ja schon wie eine kleine Hochzeit an!", scherzte ich mit ironischer Wahrheit in der Stimme.

Höflich, aber bestimmt bat ich die Gäste, sich zu setzen und Karolina und mir die Wahl zu überlassen. Die Braut beruhigte sich und strahlte.

Die Anprobe verlief ausgezeichnet. Die Gäste waren weiterhin fröhlich und lachten, als ob sie schon auf dem Fest selbst wären und nicht erst bei der Vorbereitung. Jemand gab sogar schon Trinksprüche aus. Die Damen aus der älteren Generation erzählten von ihren Hochzeiten, die Mutter bedauerte, dass sie nicht in ihrem Traumkleid geheiratet hatte, da die Zeiten so schwierig gewesen waren. Eine Tante erzählte ungeschickt von ihrer langwierigen Scheidung und die jungen Mädchen überschlugen sich in Diskussionen über ihre Traumkleider.

Trotz des Lärms gelang es mir, kurz allein mit der Braut zu sein. Als sie sich im Spiegel sah, lächelte Karolina scheu und versteckte ihre großen blauen Augen in den Handflächen.

„Bin das wirklich ich?"

Sie trug ein langes Kleid aus feiner Spitze. Der Stoff schmiegte sich fließend um die schlanke Taille. Kurze, transparente Ärmel setzten Akzente auf den zarten Schultern des Mädchens. Der Schnitt des Kleides passte ideal. Karolina sah stark und zugleich verletzlich aus. „Das ist es! Das ist mein Kleid", sagte sie leise und ich bemerkte eine kleine Träne auf ihrer rosigen Wange. Durch die Tränen wirkten ihre wunderschönen Augen so tief wie der Ozean.

Keiner der Gäste bemerkte das Wunder dieses Moments. Alles war wie zuvor. Das Familienorchester setzte sein Programm heiter fort:

„Ja, wirklich, das ist dein Kleid!"

„Dreh dich um, zeig dich von der anderen Seite!"

„Karolina, warum hast du nicht das Kleid anprobiert, das ich ausgesucht habe?"

„Was hältst du von einem kurzen Kleid?"

Die Stimmen klangen mal solistisch, mal flossen sie zu einem Unisono zusammen. Das hatte aber keine Bedeutung mehr.

Karolina hatte ihr Kleid gefunden und in den ozeanblauen Augen strahlte das Glück.

8. KARIN

„Sie arbeiten ausschließlich mit Seide? Die knittert aber sehr stark, oder?" Mit dieser Frage tauchte Karin in meinem Atelier auf. Die junge Frau betrachtete wie verzaubert die Kleiderstange. Mit angehaltenem Atem berührte sie vorsichtig ein Modell nach dem anderen und betrachtete jedes Detail genau.

Karin unterschied sich sehr von den Bräuten, mit denen ich bis dahin gearbeitet hatte. Sie wirkte unsicher und konnte sich scheinbar nicht vorstellen, wie sie im Hochzeitskleid aussehen würde. Ich beschloss, ihr etwas Zeit zu geben, um sich in der Atmosphäre von großer, weißer Kleiderpracht entspannter zu fühlen.

„Dieses ist auch sehr schön!", flüsterte die frischgebackene Braut, „Aber dieser Stoff knittert doch auch sehr stark?"

„Nein, solche Kleider knittern fast nicht, das ist Seide, aber die Spitze verdeckt ungewünschte Falten vollständig", antwortete ich.

Karin wählte Modelle in sehr unterschiedlichen Stilen aus. Ein romantisches Kleid mit einem luftigen Rock, ein glamouröses aus feinster Spitze und ein drittes im Stil einer griechischen Göttin aus fließendem Seiden-Georgette.

Das letzte Kleid verwandelte die Braut in eine zauberhafte Nymphe aus einem mythischen Wald. Sie wirkte so leicht und graziös! Der asymmetrische Träger ging in sanfte Falten über, der Stoff fiel in einem Wasserfall den Rücken entlang bis zum Boden. Der plissierte Rock unterstrich die schöne Figur Katrins. Abgesehen vom großartigen Anblick erwies sich das Kleid auch als ideal zum Sitzen, durch den Faltenwurf knitterte es fast gar nicht.

Es interessierte mich, warum die Braut mich ständig nach den Eigenschaften der Stoffe fragte. Im Verlauf der Jahre habe ich mich überzeugen können, dass Seide für sich selbst spricht. Der matte Glanz, die edle Struktur, die auf der Haut so angenehm ist, der luxuriöse Griff. Das alles verändert den Gang, verbessert die Formen, verwandelt jede Gestalt. Wenn sie sich in Seide kleideten, verwandelten sich meine Bräute vor meinen Augen von schüchternen, lieben Mädchen zu stolzen Löwinnen, die auf jedem roten Teppich strahlen würden.

„Warum haben Sie solche Bedenken wegen der Knittereigenschaften?", fragte ich Karin direkt.

„Wissen Sie, unsere Hochzeit wird besonders. Während der Zeremonie werden wir viel sitzen müssen. Mein Verlobter ist sehr romantisch." Karin schloss plötzlich die Augen, als ob sie die wunderschönen Momente nochmal durchleben würde, die ihr so teuer waren.

Sie wirkte wie ein kleines, zartes Mädchen. Ich nahm den Duft wahr einen kaum merkbaren Duft nach Kindershampoo und Rosenöl. Karin war etwa 35 Jahre alt, trug aber kein Make-Up. Ihre großen braunen Augen wirkten unglaublich ausdrucksstark, auch ohne Eyeliner und Wimperntusche. Mir fiel auf, dass sie keinen Schmuck trug, auch keinen Verlobungsring – sehr ungewöhnlich. Als sie meine Verwunderung sah, erzählte Karin weiter.

„Wir wollten keine traditionellen Verlobungsringe. Stattdessen hat mein Verlobter vorgeschlagen, dass wir sie uns am Hochzeitstag tätowieren lassen. Er möchte so der ganzen Welt zeigen, dass unsere Liebe für immer ist. Wir werden einige Stunden sitzen müssen, die Tätowierer werden einige Zeit brauchen, um die Arbeit einwandfrei zu machen."

Ihre Worte trafen mich mitten ins Herz. Ich konnte mich einen Moment lang nicht einmal bewegen und starrte Karin nur verwirrt an. Ich wollte am liebsten sofort emotional antworten: „Tattoos statt Ringen? Seid ihr verrückt geworden? Und was ist, wenn man ihr euch trennt? Hackt man dann die Finger ab?"

Diese scharfen Fragen blieben aber alle bei mir im Kopf, es war besser so. Die Braut hätte mich sowieso nicht gehört. Sie war über allen Wolken und voller Vorfreude auf den großen Tag.

Ich würde viel dafür geben, wenn jedes meiner Hochzeitskleider als Garantie für eine glückliche Ehe dienen könnte, wie in einem Märchen die Liebe damit gesichert würde. Wenn der schöne Prinz und die bezaubernde Prinzessin glücklich bis ans Ende ihrer Zeit zusammenleben, bis der Tod sie scheidet. Leider ist es aber nicht immer so. Doch nach der Hochzeit beginnen Routinen, die nicht immer märchenhaft fortgeführt werden. Das eigene und miteinander reflektierte Handeln bestimmt die Fortsetzung des eigenen Märchens. Jede Beziehung bedeutet Arbeit, vor allen Dingen eine ständige Arbeit an sich selbst. Unsere Welt wandelt sich so schnell und alles ist der Zeit untertan. Aber sogar in dieser scheinbar ausweglosen Lage der Dinge gibt es ein kleines Erfolgsgeheimnis. Die Bereitschaft beider Partner sich Hand in Hand gemeinsam weiterzuentwickeln.

9. VERENA

Wir richten unser Leben gern nach standardisierten Schönheitsidealen aus. Auf den Bildschirmen der Fernseher und Smartphones blicken uns makellose Schönheiten mit idealen Körpern an. Alles, was nicht in diese Maßstäbe passt, fällt aus dem Raster des Gefallens. Wer hat sich diese Schablonen ausgedacht? Echte Schönheit existiert doch genauso, wie die Natur es uns vorlebt. Kann man etwa sagen, dass die Rose schöner sei als die Orchidee oder das Gänseblümchen?

Ich war immer schon davon überzeugt, dass die Macht des Geistes und die persönliche Aura den physischen Körper immer überstrahlen werden. Betrüblich, dass viele Bräute sich den aufgedrängten Ideen nicht widersetzen können und sich von der Direktive der Modeindustrie zu leicht provozieren lassen.

Verena kam in mein Atelier und verkündete „Ich trage Größe 38!" Obwohl ich über die Jahre gelernt habe, Maße genau einzuschätzen, entschied ich mich, die Aussage meiner Kundin nicht auf 42 zu korrigieren. Es ist für mich eine Passion, Schnitte und Stoffe auszusuchen, um die Vorzüge einer Figur zu betonen. Hüften dürfen umschmeichelt werden, kräftige Schultern wirken mit luftigem Organza bezaubernd, die Taille wird als Mittler zwischen beiden in die gesamte Komposition miteinbezogen. Ich bin eine absolute Gegnerin davon, sich in ein Kleid zu hungern.

Es war mir bewusst, dass es nicht einfach sein würde, mit Verena zu arbeiten. Die junge Frau wählte Größen und Schnitte aus, die ihr gar nicht schmeichelten. Sie trug Jeans, die sich gnadenlos in ihre Hüften bohrten und dabei verräterisch die eigentliche Kleidergröße ihrer Trägerin offenbarten.

Die Vorstellungen der Braut entsprachen nicht ihrer physischen Erscheinung. Sie ignorierte folglich meine Empfehlungen und wollte nur die Kleider anprobieren, die sie selbst ausgesucht hatte.

Ihre Figur war eher unüblich. Nicht sehr groß mit einer üppigen Oberweite, starken Oberarmen, einem deutlichen Bauch und einer wenig ausgeprägten Taille. Während der ganzen Anprobe versuchte Verena ständig, unauffällig den Bauch einzuziehen. Durch diese ständige Anspannung wirkte auch ihr Gesicht angestrengt und etwas boshaft. Es war für mich schmerzhaft anzusehen, wenn sie versuchte, sich ein Kleid zu eigen zu machen, das drei Größen zu klein war. Ein starker Wille ist hilfreich, um seine Ziele zu erreichen. Doch Selbstreflexion ist dabei auch ein guter Begleiter.

Verena bestand auf ihren Entscheidungen, versuchte, die Oberteile anzuziehen und äußerte Wünsche zu mehr Offenheit des Kleides. Mal wollte sie einen Meerjungfrau-Rock, dann dünne Träger mit tiefem Rückenausschnitt oder ein tiefes Dekolleté. Keines der Kleider erfüllte ihre Ansprüche. Nachdem sie immer gereizter wurde, gestand sie sich schließlich ein, dass alle gewählten Kleider ihr nicht standen. Enttäuscht und verärgert ergab sich Verena schließlich.

Ich sprang ein und bereitete eine Vorauswahl an Kleidern für sie vor, deren Größenangaben ich verbarg. Verena probierte widerwillig das Modell, das ich vorschlug, an. Anfangs fiel es ihr schwer, in den Spiegel zu schauen. Als sie sich dann doch ansah, lächelte sie. Die kurzen Ärmel des Kleides umgarnten wie Schmetterlinge ihre Schultern. Taille und Beine waren wie in einem weiten Kokon nachgezeichnet. Der Stoff glänzte matt und reizvoll luxuriös.

Verena erstarrte regungslos vor dem Spiegel. Ich wollte sie zwicken, damit sie an das glauben konnte, was sie sah. Sich selbst, zufrieden und schön. Endlich hatte Verena ihr Kleid gefunden. Wir atmeten beide auf. Für mich war das ein wundervoller Moment. Ich bereitete mich vor, die Maße abzunehmen, aber sobald ich das Maßband in die Hand nahm, sprang Verena von mir weg.

„Sie brauchen nicht Maß zu nehmen! Machen Sie das Kleid einfach zwei Größen kleiner, ich habe vor, mindestens sieben Kilogramm abzunehmen."

Ich war verblüfft. „Verena, es tut mir leid, aber ohne Maße geht das nicht."

Sie willigte ungern ein. Ihr Gesicht wurde unzufrieden.

„Anna, ich nehme sicher ab! Ich habe schon einen Arzt gefunden, der mir mithilfe von Akupunktur ein blitzschnelles Abnehmen garantiert. Ich bestehe darauf, machen Sie das Kleid mindestens eine Größe kleiner!"
Ich hatte natürlich nicht vor, das Kleid nicht nach ihren Maßen anzufertigen. Falls notwendig, könnte man das Kleid enger machen, aber nicht weiter.

Die Zeit verging. Das Hochzeitskleid von Verena wartete schon lange auf eine Anprobe, aber ich hörte nichts von ihr.

An einem warmen Tag im Juli war ich mit einer anderen Kundin beschäftigt. Auf einmal knallte die Eingangstür laut. Verena stürmte direkt in die Ankleide hinein, ganz rot im Gesicht vor Hitze oder vor Wut oder von beiden.

„Raus hier! Meine Hochzeit ist in einer Woche, ich bin hier die Wichtigere!"

Die Schreie waren an meine Kundin gerichtet, die beim Maßnehmen in Unterwäsche in der Umkleide vor mir stand.

Verena stampfte mit ihrer präsenten Körperkraft auf und hatte die Hände zu Fäustchen geballt.

„Sie benehmen sich wie ein echtes Rumpelstilzchen!", antwortete die andere zukünftige Braut darauf.

Eine so unangebrachte Situation hatte es in meinem Atelier noch nie gegeben. Verena wirkte tatsächlich wie ein boshafter Zwerg aus einem Grimm-Märchen.

Ich versuchte, sie so weit wie möglich zu beruhigen, es ging alles so schnell, dass ich im ersten Moment gar nicht begriffen hatte, was um mich herum passiert war.

Erst nach ein paar Minuten wurde mir bewusst, dass eine sehr voluminöse Verena vor mir stand. Es war eine vollkommen andere Frau als die von vor vier Monaten. Es wirkte, als hätte man sie mit Photoshop unverhältnismäßig schnell vergrößert.

„Wie bringe ich sie denn jetzt in das Kleid rein?", schoss es mir in den Kopf. Die folgenden Tage waren für uns beide sehr anstrengend. Ich versuchte mit allen Kräften, Kleid und Trägerin zusammenzubringen, nähte zusätzliche Einsätze ein und erweiterte es. Es fehlten ganze zwölf Zentimeter. Die Ruhe bewahren war völlig unmöglich, ich hielt mich mit aller Kraft zurück, um nicht die gereizte Braut auf ihre Gewichtszunahme anzusprechen.

Verena war weiterhin wütend auf den Akupunkteur, das Kleid oder auf ihr Schicksal im Allgemeinen. Sie hatte vollkommen die Kontrolle über ihre Gefühle verloren. Zum Glück gelang es mir, die Aufgabe zu bewältigen. Das Kleid wurde fertig und passte ideal.

Von Anfang an war mir klar, dass es mit Verena nicht einfach sein würde. Vielleicht hat unsere Chemie nicht gestimmt. Ich wollte einige Male die Anprobe unterbrechen und ihr sagen, dass ich kein passendes Kleid für sie hätte. Aber ich habe es nicht getan und bereue es auch nicht. Verena wurde zu einer wertvollen Erfahrung für mich. Solche Stresssituationen bezeichne ich als die 1 %. Diese 1 % passieren jedes Jahr, die 1 % aller Bräute, die die Welt auf den Kopf stellen. Ist das viel oder wenig? Es ist praktisch gar nichts im Großen und Ganzen. Diese Begegnung war für mich so stark, dass ich seitdem meine freundlichen, lieben Bräute um ein Vielfaches mehr wertschätze.

Als Verena nach einer unüblich langen Odyssee zufrieden ihr Kleid mitnahm, war ich auch wahnsinnig glücklich, dass die verhängnisvollen 1 % für diese Saison damit überstanden waren.

10. **ANNETTE**

„Guten Tag, mein Name ist Annette Sonnig, ich habe Sie letzte Woche angerufen, meine Hochzeit ist im Sommer." Vor mir stand eine neue Braut mit einem unglaublichen Nachnamen. In mir wurde es augenblicklich auf unerklärliche Weise heller und wärmer.

Annette war eine etwa 45 Jahre alte, groß gewachsene, schlanke Schönheit mit feuerroten Haaren. Ihr Gesicht war mit Sommersprossen übersät, wodurch sie eine fast kindhafte Unmittelbarkeit ausstrahlte. Sie war leger und geschmackvoll gekleidet. Ihr gepunktetes Seidenkleid in Grün und Sandalen im Stil der 1920er Jahre unterstrichen ihre starke Individualität. Sie duftete nach weißem Patschuli und Jasmin.

Die junge Braut sah mich mit selten reinen, grünen Augen an. Ihr Blick war ebenso strahlend wie ihr Name. Es war unverkennbar, dass sie oft lächelte. Die bezaubernden Lachfältchen um ihre Augen verliehen ihr einen ganz besonderen Charme. Ihre Haare waren zu einer Frisur mit langen Stirnfransen gestylt und glänzten mit goldenen Reflexen, ihre gesamte Erscheinung erinnerte an die berühmte Brigitte Bardot.

„Es ist für uns beide die erste Ehe. Ich möchte, dass mein Verlobter seine Augen nicht mehr von mir wenden kann."
Annette ging zu den Kleidern. Sie hatte ein dickes Notizbuch dabei, das ein wenig an ein antikes Manuskript erinnerte. Tatsächlich waren aber auf allen Seiten Fotos von Kleidern aus verschiedenen Magazinen und Zeitungen zusammengetragen. Sie führte Buch über alle Kleider, die ihr gefielen, die sie anprobiert hatte oder von denen sie plante, es noch zu tun. Die Vorbereitung zur Feier verlief sehr sorgfältig und Annette selbst wirkte wie eine Musterschülerin, die auf alle ihre Hausaufgaben ein „Sehr gut" bekommen hatte.

Die Kleider in ihrer Liste waren sehr unterschiedlich, vom ganz klassischen bodenlangen bis zu sehr offenen Modellen mit Ausschnitten bis zum Bauchnabel. Es kam also heraus, dass die Braut keinerlei Vorstellung davon hatte, wie sie am Altar aussehen wollte.

„Annette, erlauben Sie mir zu fragen, warum ihre Notizen so unterschiedlich sind? Ich kann Ihren Herzenswunsch hier nicht erkennen."

„Ich habe nur alle Wünsche von meinem Bräutigam zusammengefasst, die Hauptsache ist, dass es ihm gefällt."

Wir begannen mit der Anprobe. Ob der riesigen Auswahl wirkte Annette überfordert.

„Was gefällt denn Ihnen selbst? Schließlich müssen Sie ja das Kleid tragen und alle Blicke auf sich ziehen. Sie sollten sich darin nicht nur authentisch und wohl fühlen, sondern einfach jede Sekunde im Kleid genießen können. Man will ja, dass die Leute die Schönheit der Braut bemerken, nicht nur die ihres Kleides. Woher soll denn Ihr Bräutigam wissen, in welchem Kleid sie absolut umwerfend aussehen werden? Sie zeigen ihm Fotos aus Zeitschriften, nicht aus dem echten Leben."

Eines der Kleider, welches ich für Annette ausgesucht hatte, war aus seidigem Crêpe de Chine. Das Oberteil war überzogen mit feiner Spitze in geometrischen Mustern, das an das Kleid einer der Musen von Gustav Klimt erinnerte, mit einem verführerischen Rückenausschnitt. Die Spitze selbst war die Hauptverzierung des Kleides.

Als Annette es anprobierte, strahlte sie wie ein edler Diamant. Der Boatneck-Ausschnitt verlieh Eleganz und Grazie. Die Elfenbeinfarbe ließ ihr Gesicht zart rosig strahlen.

Annette nahm die Haare hoch und steckte sie geschickt zusammen. Eine Locke fiel den Rücken herunter und glänzte golden im Licht. Die Braut bewegte sich langsam vor dem Spiegel, graziös wie ein Schwan. Sie sah vollkommen glücklich aus.

„Ich kann mich nicht sattsehen! Es wundert mich, dass ich nichts auch nur annähernd Ähnliches in meiner Liste hatte."

„Das ist gar nicht verwunderlich, Sie haben ja früher nie Brautkleider anprobiert!"

Annette sah ihr Spiegelbild strahlend an, streichelte sanft die Seide und versuchte sich zu überzeugen, dass es kein Traum war. Das Kleid war in der Taille etwas zu groß und ich wollte es mit ein paar Stecknadeln feststecken, damit es ideal aussehen würde. Als Annette die Nadeln sah, wich sie instinktiv aus.

„Sind Sie zufällig Ärztin?", scherzte ich. In zahllosen Anproben über die Jahre kam die Erkenntnis, dass es nicht einfach ist, mit Medizinern zu arbeiten. Sie haben Angst vor Nähnadeln wie vor dem Feuer.

„Woher wissen Sie das? Ich bin Kinderärztin, ich führe eine pädiatrische Klinik."

„Wirklich? Doktor Sonnig, ihr Familienname ist ja wie geschaffen für kleine Patienten! Ich hätte als Kind so gern solch eine Ärztin gehabt."

Nach meinen Worten änderte sich etwas in Annettes Gesichtsausdruck und sie wurde nervös.

„Ja, mit dem Familiennamen hatte ich Glück", seufzte sie schwer.

„Leider wird sich das bald ändern müssen. Mein zukünftiger Mann ist sehr altmodisch in seiner Einstellung zur Ehe. Er denkt, dass die Frau unbedingt den Nachnamen ihres Mannes annehmen muss. Ich bin darüber aber eigentlich ziemlich verzweifelt, Anna. Sie haben ja selbst bemerkt, dass mein Name auch Teil meiner Arbeit ist. Wir sind auch nicht mehr in dem Alter, Kinder zu haben, die den Familiennamen weiterführen würden."

„Annette, vielleicht wäre es gut, mit Ihrem Verlobten noch einmal darüber zu reden und ihn zu überzeugen, seine Meinung zu ändern? Oder geben Sie sich selbst noch etwas Zeit, um sich an den neuen Namen zu gewöhnen. Sie werden sehen, Ihre Patienten werden sich auch daran gewöhnen."

„Anna, würden Sie sich daran gewöhnen können, wenn Ihr neuer Name Frau Böse wäre? Ich bin Kinderärztin! Stellen Sie sich mal das Entsetzen in den Augen der Mütter und die Angst der Kinder vor."

So eine Wendung hatte ich nicht erwartet. Sogar in vermeintlich modernen Gesellschaften müssen Frauen manchmal

Entscheidungen annehmen, die ihnen von der Gesellschaft aufgezwungen werden.

Wenn man darüber nachdenkt, haben Frauen früher sehr jung geheiratet und waren beinahe noch Kinder, als sie das Haus ihrer Eltern verließen. Der Familienname wechselte automatisch, ein neuer Name für das neue Leben. In unserer heutigen Gesellschaft heiraten Frauen bedeutend später. Sie haben schon ihr eigenes Leben und ihre eigenen Erfolge erzielt. Die Namensänderung ist in diesem Fall ein Verlust der Identität, der Verlust ihrer Selbst. Wie schön, dass man heutzutage im Fall der Fälle ein Zurücksetzen auf Anfang wählen oder sich selbstbestimmt für einen Namenswechsel entscheiden kann.

11. MICHELLE

Im März ist es oft noch recht kalt und nass. An so einem verregneten Tag kam Michelle zu mir. Sie parkte ihr Mountainbike und kam in sportlicher Ausstattung, in einem wind- und wasserfesten Anorak, einem Rucksack mit Reflektoren und Sportschuhen mit speziellen Sohlen. Sie bewegte sich so wundervoll und charmant in dieser Outdoor-Pracht, dass jedem augenblicklich klar wurde, Alltagskleidung kam für sie nicht in Frage. Michelles Wangen waren gerötet vom leichten Frost und im Gesicht strahlte ein breites Lächeln. Die junge Frau war großartig gebaut. Unglaublich lange Beine, gerade Schultern und ein schlanker, fitter Oberkörper. Ihre kurz geschnittenen, lockigen Haare gaben ihr einen besonderen, sportlichen Charme.

„Anna, ich habe ein Problem. Ich trage nie Kleider. Ich fühle mich darin unwohl, als ob ich nicht ich selbst bin. Mein Verlobter hat die Bedingung gestellt, dass die Braut auf jeden Fall ein langes, weißes Kleid tragen muss."

Das alles sprudelte in einem Atem hervor. Sie spielte nervös mit dem Riemen ihres Fahrradhelms herum.

„Michelle, so wie ich das verstehe, sind Sie hier, weil Sie selbst nichts dagegen haben, an Ihrem Hochzeitstag ein Kleid anzuziehen. Es ist kein Geheimnis, dass man in allem Möglichen heiraten kann, in einer Hose oder sogar im Bikini."

„Sie haben Recht, für mich ist diese Mission unerfüllbar, aber bei Ihnen bin ich sicher in guten Händen. Ich hatte das Vergnügen, Sie kennenzulernen, als meine Schwester geheiratet hat."

Ich fühlte mich sehr geschmeichelt, dass Michelle ausgerechnet zu mir gekommen war. In diesem Moment spielte sich in meinem Kopf eine Art Slideshow meiner Kleider ab. Ich visualisierte diese wunderschöne Athletin in den unterschiedlichsten Modellen. Luftige Volants und Tüllröcke passten nicht, weil ich die sportliche Figur unterstreichen und ihr gleichzeitig etwas Weiches verleihen wollte.

Michelle hielt den Atem vor der Kleiderstange an und traute sich nicht, die Kleider anzurühren. Sie hob ihre Hand zu den Spitzen und zog sie dann zurück wie verbrannt.

Es war, als ob sie im Museum vor den Ausstellungsstücken stand und mit der Versuchung kämpfen musste, die Schätze anzufassen.

„Wenn Sie nichts dagegen haben, suche ich gerne passende Kleider für Sie aus. Wir beginnen einfach, verschiedene Modelle anzuprobieren und Sie werden sehen, in welchem Kleid Sie sich wohlfühlen. Wenn Sie ihr Kleid gefunden haben, werden Sie es nicht mehr ausziehen wollen."

Michelle entspannte sich ein wenig. Sie begleitete mich auf Schritt und Tritt, während ich passende Modelle aussuchte. Als ob sie keinen Moment lang an einem fremden Ort allein sein wollte. Es hatte fast etwas Kindliches an sich.

Meine Wahl beschränkte sich auf drei Modelle. Allen gemeinsam war ein fließender Rock. Die Seide war so schwerelos, dass jede Bewegung leicht und fließend aussah.

Die Braut lehnte die beiden ersten Kleider ab. Sie fühlte sich eingeengt und unbequem, obwohl beide eher locker saßen. Das ist nicht verwunderlich. Nach der Sportkleidung kann man sich in Seide leicht verlieren. Ich brachte das dritte Kleid mit einem tiefen Rückenausschnitt. Und was soll ich sagen, Michelles Rücken war ideal dafür. Die weichen Falten des Seiden-Crêpe flossen die Figur entlang, ließen sie graziös wirken und machten den athletischen Körperbau etwas weicher. Die transparenten Steinchen auf dem dünnen Taillengürtel schimmerten als einziger dekorativer Akzent im Tageslicht. Michelle gefiel das Kleid. Es erinnerte an etwas, das in einer Zeitschrift wie Vogue zu finden wäre. Minimalistisch und gleichzeitig charismatisch, mit geschmackvollen Details, verschlungenen doppelten Trägern und zusätzlichen Nähten auf der Taille und der Hüfte. Das Gesamtbild wirkte außergewöhnlich edel und exklusiv. Michelles Bob-Haarschnitt passte perfekt zum Kleid.

Nicht nur die Braut strahlte, sondern auch ich. Wir waren beide sehr zufrieden mit dem Ergebnis. Die Braut ging immer wieder zum Spiegel und lächelte sich selbst kokett zu, als ob sie es nicht ganz glauben könnte. Sie war einfach bezaubernd.

„Es ist, als ob Sie dieses Kleid genau für mich geschaffen haben, ich konnte mir nie vorstellen, dass das möglich ist!" Ich kreiere tatsächlich meine Kleider für die unterschiedlichsten Frauentypen. Meine Kundinnen sind meine Musen, sie geben den Ton jeder Kollektion an.

„Verzeihen Sie, Anna, ich habe nur noch einen Wunsch", sagte Michelle. „Ich möchte dieses Kleid ohne Schleppe haben, die brauche ich sicher nicht."

Ich hatte gar nicht vor, Michelle von einer Schleppe zu überzeugen. Mir schien es auch, dass es ohne Schleppe besser wäre.

Während ich die Maße nahm, fragte ich Michelle:

„Sagen Sie, Michelle, welche Sportart üben Sie aus? Sie sind so unglaublich in Form!"

„Sie sollten eher fragen, welche ich noch nicht gemacht habe!", lachte sie.

„Sport ist eine Leidenschaft und mein Lebenselixier. Nach der Arbeit gehe ich direkt ins Fitnesscenter oder in den Park joggen. Sechs Tage in der Woche. Mein Verlobter teilt diese Leidenschaft leider gar nicht, aber er hatte nie etwas gegen meine langen Trainings oder Wettbewerbe. Ich bin froh, dass wir unterschiedliche Hobbies haben, ich denke, das festigt die Beziehung. Mein Liebster sieht mich aber immer in Sportkleidung, deswegen kann ich verstehen, dass er mich endlich einmal in einem schönen Kleid sehen möchte."

„Michelle, Sie haben wohl Kleider immer mit der Idee von Prinzessinnen verbunden. Jetzt ist es ja offensichtlich, dass man sich auch im Kleid gut fühlen kann, es ist viel bequemer als Sporthosen", scherzte ich.

„Das Wichtigste ist, seinen Stil zu finden und die Vorzüge zu betonen, sich umwerfend zu fühlen. Wenn Sie ein Brautkleid aussuchen, ist es wichtig, authentisch zu sein. Sie wollen ja auf der eigenen Hochzeit nicht nur eine Rolle spielen!"

„Anna, ich bin völlig Ihrer Meinung. Die einzige Sache ist, ich bereite mich gerade auf einen Triathlon in Italien vor. Ich komme fünf Tage vor der Hochzeit zurück, wundern Sie sich deshalb bitte nicht, dass ich zur letzten Anprobe erst ein paar Tage vor dem Fest komme." Michelle erzählte mit solcher Begeisterung von den kommenden Wettbewerben, dass mir schien, als würde sie sich darauf mehr freuen als auf die Hochzeit. Der Triathlon war schon lange geplant. Michelle war es gewohnt, lange Reisen ohne ihren Verlobten zu unternehmen. Das war ihre Balance und ein Gegengewicht zur täglichen Routine. Es ging um ihre persönliche Freiheit, ihr Adrenalin, ihre Motivation. Dinge, ohne die sie nicht leben konnte.

Egal, wie locker eine Braut die Hochzeit nimmt, ein paar Tage vor dem Event verliert jede Frau die Kontrolle und verfällt in Panik. Da ich um diese psychologische Besonderheit der wunderbaren Damen wusste, bemühte ich mich mit allen Kräften, solche impulsiven und kurzfristigen Besuche in meinem Salon zu vermeiden.

Die Zeit verging, doch die Braut rief nicht an. Ich begann, nervös zu werden.

An dem Morgen, als Michelle endlich zur Anprobe kam, versteckte sich die Sonne hinter einer grauen Wolkendecke. Trotzdem trug Michelle eine riesige Sonnenbrille im Gesicht. Meine Aufmerksamkeit fiel sofort auf den massiven Gipsverband, der das zarte Handgelenk umfasste. Das Kinn war dunkelrot mit Blutergüssen marmoriert und ich sah mit Schrecken die groben, medizinischen Nähte. Mein Herz zog sich mit jeder Sekunde mehr zusammen und mir war klar, dass die Sonnenbrille etwas noch Ernsteres verdeckte. Die schlimme Ahnung bewahrheitete sich. Im wunderschönen Gesicht Michelles breitete sich ein großer, blau-gelb angelaufener Fleck aus. Ich wollte nicht fragen, was passiert war, um alles nicht noch schmerzhafter zu machen. Ohne weitere Worte eilte ich in die Anprobe.

„Anna, erschrecken Sie sich nicht, ich habe nur eine Kurve sehr unglücklich genommen. So ein dummer Zufall wird mich nicht davon abhalten, den schönsten Tag meines Lebens zu genießen!"

Sie war fantastisch. Ihre Augen glänzten so vor Glück, dass man weder die Nähte noch die Blutergüsse bemerkte.

Ich verstand, dass der Sport nicht nur ihren Körper, sondern auch ihre Seele stark machte. Alles zusammen widersprach keinesfalls ihrer sprühenden Weiblichkeit und Lebensfreude.

Mich erinnerten Michelles Blessuren an das Sprichwort „Bis zur Hochzeit ist alles wieder gut". Wo gibt es allerdings ein Wundermittel, das drei Tage vor der Hochzeit wirken würde?

Es stellte sich heraus, dass Michelle ein Wundermittel absolut nicht nötig hatte. Sie nahm ihr Kleid mit und schickte mir einige Wochen später einige Fotos von ihrer Feier. Ihr Verlobter hatte aus Solidarität auch eine Sonnenbrille getragen. Sie waren strahlend glücklich.

12. DANIELA

Eine zarte Stimme in der Leitung fragte, ob denn mein Atelier wirklich im Erdgeschoss sei. Ich musste einige Male wiederholen, dass es tatsächlich so war und es war mir gleich klar, dass für die Dame am Telefon dieses Detail in der Tat sehr wichtig war. Einige Tage später kam Daniela mit ihrer Mutter ins Atelier. Sie sah bezaubernd aus. Nicht groß, sehr schlank, mit braunen, großen Locken, die um das zarte Gesicht fielen. Ihr Gesicht war von Sommersprossen übersät, was ihr einen schelmischen Ausdruck gab.

Mir fiel auf, dass Daniela einen Gehstock verwendete. Jede Bewegung schien mühsam zu sein, ihre Mutter versuchte, ihr die Schmerzen zumindest ein wenig zu erleichtern. Trotz ihres körperlichen Zustands lächelte Daniela die ganze Zeit ehrlich und zufrieden. Die geistige Kraft dieser zarten Frau traf mich tief in der Seele und ich entschied mich, meine Aufregung nicht zu zeigen, nicht nach ihrer Diagnose zu fragen und sie wie eine ganz gewöhnliche Kundin zu behandeln.

Ich wies beide Damen zum Sofa und eilte zur Kleiderstange.

Daniela gefiel einfach alles, sie genoss jeden Moment der Vorbereitungen zum wichtigsten Ereignis ihres Lebens. Ich wollte natürlich etwas Besonderes für sie finden. Und tatsächlich deckten sich unsere Ansichten nahezu identisch. Ihre und meine Wahl fiel zielsicher auf ein Kleid im Boho-Stil. Das Modell war weit geschnitten, aus weicher Spitze mit Blumenmuster. Die Ärmel umspielten kokett ihre Schultern und Arme. Ein zartes Band unter der Brust betonte die weiblichen Rundungen der Braut und unter der Spitze schillerte die Seide hindurch. Daniela sah darin wie eine Boheme-Prinzessin aus. Sie scherzte, dass sie mit größtem Vergnügen in diesem Kleid den ganzen Abend lang tanzen würde. Ich verstand, dass das natürlich unmöglich war, aber bemühte mich mit voller Kraft, der Braut zu ermöglichen, dass sie fliegen, kreisen und flattern konnte. Wie ein Vogel, wenn auch nur in ihren Träumen.

Wir gingen in die Anprobe, um die Maße zu nehmen. Ich muss gestehen, dass es nicht leicht für mich war. Es ist schwer zu sagen, für wen es die größere Herausforderung war. Daniela konnte nicht lange gerade und unbeweglich stehen, aber sogar wenn es ihr gelang, für eine kurze Weile stillzuhalten, war ihr Körper trotzdem leicht verdreht. Deswegen gelang es mir nicht, die Position zu finden, in dem der Stoff ideal fallen würde. Wir probierten das Kleid im Sitzen und wieder im Stehen. Ich sah, wie schwer es für die Braut war und besonders auch für ihre liebevolle Mutter. Am Ende des Besuchs erzählte mir die Mutter kurz, so dass es die Braut nicht hören konnte, von der komplizierten Erkrankung ihrer Tochter, die an ALS – Amyotropher Lateralsklerose – litt. Das ist eine unheilbare Erkrankung des Nervensystems, die zu einer Muskelatrophie führt.

Bis zur Hochzeit waren es noch einige Monate. Die Zeit verging und eines Tages erhielt ich eine E-Mail von Daniela, die mich warnte. Ihr Zustand sei schlechter geworden. Ich konnte mir nicht vorstellen, dass ich nur drei Monate später meine Braut in einem völlig anderen Zustand sehen würde. Durch die Tür des Salons kam ein Rollstuhl. Die Mutter führte sorgfältig die Tochter, auf deren Schoß ein bezaubernder, etwa dreijähriger, rothaariger Junge saß. Er lachte laut und steckte mit seinem Lachen alle Umherstehenden an. Das war Danielas Sohn.

Mein Herz blieb stehen. Ich konnte nicht glauben, dass sich in so kurzer Zeit so vieles geändert hatte. Meine Gefühle übermannten mich und ich hatte kaum Kraft mehr, sie zu verbergen.

Ich erinnere mich nur dunkel an die letzte Anprobe. Alles war wie vernebelt. Ein einziger Gedanke kreiste in meinem Kopf. Nur nicht weinen!

„Anna, sehen Sie, ich bin wohl die einfachste Kundin! Man muss nichts anpassen, nichts kürzen. Ich werde ja sowieso nicht tanzen gehen."

Diese Worte klirren bis heute eiskalt in meinem Kopf. Mein Inneres zieht sich zusammen, mal vor Schmerz, mal vor Freude für Daniela. Ich weiß genau, dass sie am Hochzeitstag vollkommen glücklich war und dass ihr liebender Ehemann alles tat, damit sie nicht an etwas Schlechtes denken würde. Ihr großartiger Sohn und ihre fürsorgliche Mutter machten sie noch glücklicher. Und ich bin darüber froh, dass mein Kleid Teil der Geschichte dieser erstaunlichen Frau wurde.

13. **ELISA**

Es war ein warmer Septembertag. Draußen war es noch warm, der herbstliche Sonnenschein ließ alles strahlen, als ob jemand die Scheinwerfer für das letzte Theaterstück der Saison aufgedreht hatte. Im Atelier erschien Elisa, eine umwerfende Blondine mit hellblauen Augen. Ich kann mich erinnern, wie der Duft ihres Parfums augenblicklich den ganzen Raum füllte. Ein femininer Hauch von Rose und Weihrauch, der alle Sinne betörte.

Elisa selbst sah aus wie eine lebendig gewordene Barbie. Ich vermutete, dass sie vor dem Besuch bei mir in einem Schönheitssalon gewesen war. Die Frisur, das Make-Up, die Maniküre, alles war einwandfrei. Das ist allerdings nur das Äußere. Innerlich erwies sich meine neue Braut als eine echte eiserne Lady.

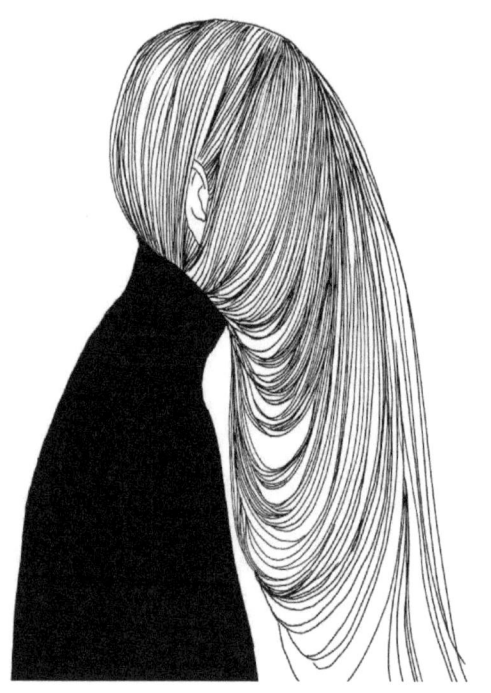

Elisa kam zur Anprobe, um ein Kleid für die standesamtliche Hochzeit zu finden. Sie erzählte mit Hingabe, dass die Beziehung schon zehn Jahre bestand und dass sie in einem halben Jahr in einem echten Schloss eine große Trauung feiern würden. Sie betonte dabei, dass sie ein zweites Kleid für dieses Fest haben wollte. Ich wollte dem Kleid für das Standesamt eine besondere Aufmerksamkeit widmen. Meine Kundin hatte ganz genaue Vorstellungen davon, was sie wollte und ihre Wünsche entsprachen auch ganz exakt ihrem Auftreten und ihrer Erscheinung. Unsere Wahl fiel auf ein romantisches Kleid im Stil von Audrey Hepburn. Ein luftiger, knöchellanger Rock aus Organza, bedeckte Schultern und eine kleine Masche auf der Taille. Die begeisterte Elisa sah darin aus wie eine Porzellanstatuette. Sie betrachtete mit weit aufgerissenen Augen ihr strahlendes Spiegelbild.

„So kann ich ja in einem Film mitspielen", sagte sie und drehte sich verzaubert.

„Das Kleid für die kirchliche Trauung wird noch prachtvoller! So richtig pompös, wie ich es mir als Kind gewünscht habe. Und die Hochzeit selbst wird unvergesslich wie im Märchen."

Diese Worte hallten in meinem Herzen wider. Ich erinnerte mich daran, wie meine Eltern in der Kindheit Märchen von Prinzen und Prinzessinnen vorlasen. Und fast immer endeten diese Geschichten mit einem Happy End. Der Prinz verliebte sich in die wunderschöne Prinzessin. Es folgte die Hochzeit und ein großes Fest. Aber was dann? Dieses „Dann" ließ mir lange keine Ruhe. Ich fragte meine Eltern immer wieder, aber das geschlossene Buch gab keine Antwort auf das Geheimnis. Das echte Leben beginnt nach der Hochzeit erst richtig und es gibt leider unterschiedliche Fortsetzungsmöglichkeiten. Kleinen Mädchen wird in der Kindheit oft unterbewusst vermittelt, dass ein Prinz auf einem weißen Ross kommen wird, sie werden heiraten und alle Schwierigkeiten gehen an ihnen vorbei. Aber im echten Leben ist doch alles anders!

Es war offensichtlich, dass die junge Schönheit mit aller Macht versuchte, ihren Traum wahr werden zu lassen. Mir war es etwas unangenehm, dass sie immer wieder vom Kleid für die Trauung sprach, ohne auf den besonderen Moment der Anprobe des unglaublichen Modells für die standesamtliche Hochzeit Acht zu geben. Dieser Tag verging fast augenblicklich.

Genau 48 Stunden nach der standesamtlichen Trauung kam Elisa wieder in mein Atelier. Diesmal, um das Kleid ihrer Träume zu bestellen. Es wurde exklusiv für sie angefertigt. Wir wählten gemeinsam den Stoff aus Katalogen aus, bestellten Muster, suchten Spitzen aus. Sie wollte unbedingt einen weiten Rock mit einer drei Meter langen Schleppe. Ich konnte sie überzeugen, das Kleid nicht mit Steinen oder Pailletten zu dekorieren, da es schade gewesen wäre, die edle Seide darunter zu verstecken. Stattdessen schmückten wir das Kleid mit Applikationen aus feinster, französischer Spitze. Der feste cremefarbene Seidensatin sah großartig aus. Er schimmerte im Sonnenlicht, blieb aber dennoch matt. Dieser Stoff war einer Königin würdig!

„Anna, achten Sie nicht auf die Preise, ich will ein prachtvolles Kleid und werde keine Kosten scheuen!"

Genau einen Monat später fand die erste Anprobe statt. Wir waren beide vom Ergebnis begeistert.

„Es ist großartig! Es wird wunderbar zum Festsaal des Schlosses passen, in dem wir feiern werden", sagte Elisa ganz außer Atem vor Glück.

„Als ich dieses Schloss gesehen habe, wusste ich gleich, meine Hochzeit muss dort stattfinden. Ich bin sicher, dass den Gästen auch alles gefallen wird. Für sie sind fast 100 Zimmer im Hotel reserviert und bezahlt, sie werden meine Hochzeit immer in Erinnerung haben. Ach ja, ich habe es ganz vergessen, das ist mein Verlobungsring!"

Der Ring war übersät mit Diamanten, die wie kleine Flammen in der Sonne funkelten.

„Der Ring hat ein Vermögen gekostet", setzte Elisa fort, „aber wir haben es uns leisten können, da wir am Ehering für den Bräutigam gespart haben und ihn in Silber statt Platin bestellt haben. Er wird ihn ja sowieso nicht tragen."

Elisa sprach ständig von IHRER Hochzeit, als ob es den Bräutigam gar nicht gäbe. Das hallte schmerzhaft in meinem Herzen wider, ich spürte, dass da etwas nicht passt. Die unruhige Vorahnung ließ mich nicht los.

Bis zur Trauung blieben uns etwa acht Wochen. Mit jeder Anprobe verwandelte sich das Kleid weiter, die schöne Frau stand vor dem Spiegel und genoss die zauberhaften Momente aus voller Seele. Sie wartete voller Ungeduld auf die Erfüllung ihrer Träume.

Eines Morgens rief Elisa an und sagte, dass der Bräutigam verschwunden war. Er war einige Tage lang nicht zur Arbeit erschienen und auch nicht nach Hause gekommen. Das Ganze war so ernst, dass man sogar eine Suchanzeige gestartet hatte. Die Braut suchte ihn verzweifelt, aber erfolglos. Zwei Wochen vor der Hochzeit schickte er ihr einen Brief und schrieb, dass es ihm sehr leidtue, aber er so nicht weitermachen könne. Er wollte eine Trennung und schlug vor, alle Kosten der Hochzeit zu erstatten.

Elisa holte ihr Kleid ein halbes Jahr später ab und scherzte, sie würde es abends zum Kochen tragen. Im Vertrauen erzählte sie, dass ihr Ex-Partner anscheinend ein Doppelleben geführt hatte und dass einige Wochen vor der geplanten Hochzeit ein Kind zur Welt gekommen war.

Ich dachte lange über die Geschichte nach. Nicht jede Frau schafft es, so etwas zu überstehen. Ein Verrat kann unser Herz für Jahre tief verwunden. Es klingt unglaublich, aber hatte sie alle die Jahre nichts davon gemerkt? Ja, sie hatte es nicht gesehen, weil sie es nicht sehen wollte. Als sie sich in die Vorbereitung ihrer Traumhochzeit versenkt hatte, hat Elisa das Wichtigste vergessen. Dass eine Ehe eine Angelegenheit von zwei Menschen ist und nicht von ihr allein.

Fünf Jahre später kam Elisa wieder in meinen Salon. Sie wollte heiraten und sie war sehr glücklich.

14. MARGARET

Welche Frau träumt nicht davon, dass ein Heiratsantrag eine richtige Überraschung ist, dass man sich an dieses Ereignis ein Leben lang erinnert? Margaret kam in meine Boutique mit ihrer besten Freundin. Ich hatte den Eindruck, dass ihre Freundin mehr Initiative zeigte. Sie hatte Margaret zur Anprobe angemeldet und beschrieb sogar das Traumkleid der Braut.

„Anna, das ist meine zweite Ehe", unterbrach Margaret die Erzählungen ihrer Freundin.

„Ich möchte nicht zu bescheiden wirken, aber ich glaube, ich bin nicht mehr in dem Alter, um in einem Brautkleid zu strahlen."

„Margaret, ich kann Ihnen diese Entscheidung nicht abnehmen. Man weiß ja, dass man nicht im weißen Kleid heiraten muss. Wenn Sie sich entschlossen haben, zum zweiten Mal zu heiraten, dann ist das für Sie ein wichtiger Schritt. Sie haben sicher länger und genauer darüber nachgedacht als beim ersten Mal."

Margaret war von meinen Worten berührt und die Suche nach dem Kleid wurde zu einem echten kleinen Ereignis für beide Freundinnen. Das Atelier war gefüllt mit Lachen und rührenden Erinnerungen aus der langjährigen Freundschaft der beiden.

„Kannst du dir vorstellen, Antje, unsere Freundschaft dauert länger als alle anderen, die ich bisher in meinem Leben schloss! Wir kennen einander schon länger als 30 Jahre." Es war nicht einfach, Margarets Alter zu bestimmen. Sie hatte eine strahlende Haut und einen fitten Körper: Sie war stilvoll und jugendlich gekleidet in einem legeren Look. Ihre weiche Kaschmirhose war sportlich geschnitten, ihr langer Mantel gab ihr einen besonderen Charme. Ihr Seidentop erinnerte an ein schlichtes T-Shirt und die weißen Turnschuhe ergänzten ihre Erscheinung. Ihre edlen platinblonden Haare waren locker hochgesteckt.

Margaret war wie geschaffen für Kleider. Man konnte annehmen, dass sie jeden Tag so etwas tragen würde. Sie fühlte sich in jedem sehr wohl. Wir probierten mehr als zehn Modelle an und in jedem sah die Braut wunderbar aus. Letzten Endes fiel ihre Wahl auf ein Kleid aus geometrischer Spitze. Der Schnitt unterstrich effektvoll ihre schlanke Figur, der tiefe Ausschnitt gab den Blick auf ihren Rücken bis zur Taille frei, ihre gebräunte Haut kontrastierte mit der cremefarbenen Seide und die transparenten Spitzen verdeckten leicht die Schultern. Die Spitze auf dem Rock war fester, sie fiel in fließenden Falten und lenkte die Aufmerksamkeit auf die schlanke Silhouette von Margaret. Die Zeichnung auf dem Stoff spielte mit Linien und Formen und gab ihm eine ganz besondere Struktur.

Margret streichelte vorsichtig den Stoff und ich bemerkte ihren markanten Verlobungsring, ganz fein im Art-Deco-Stil gearbeitet. Die gleiche Geometrie wie auf der Spitze.

„Ihr Geliebter hat einen wunderbaren Geschmack! Es ist, als ob er den Ring genau zu diesem Kleid ausgewählt hat, im gleichen Stil. Der Ring ist erstaunlich und er sieht auf ihrer feinen Hand so schön aus!"

„Ja, Robert hat nicht nur einen guten Geschmack, sondern auch einen Hang zu allem Exklusiven und Unvergesslichen", erklärte Antje.

Die Freundinnen sahen einander an, strahlten, umarmten sich mit Tränen in den Augen, begannen zu lachen und sahen einander wieder an. So ging das einige Minuten lang. Margarete war mit ihrem Partner schon etwa sechs Jahre lang zusammen. Es war alles wunderbar, nur hatte sie eigentlich gar nicht vor, ein zweites Mal zu heiraten. Möglicherweise hatte sie sich wegen ihrer ersten, gescheiterten Ehe nicht mehr vorstellen können, jemandem wieder das Ja-Wort zu geben.

Robert hingegen träumte von der offiziellen Verbindung mit seiner Geliebten. Voller romantischer Ideen beschloss er, eine unvergessliche Reise nach Thailand zu organisieren. Er verbarg sorgfältig alle Details und bereitete sich darauf vor, Margaret eine umwerfende Überraschung zu bieten. Das Paar genoss schon drei Tage lang seinen Urlaub in einem schicken Hotel mit Meeresblick. Es gab alles, was man sich nur erträumen konnte: Frühstück ans Bett serviert, Rosenblüten auf den Decken, ein Verwöhnprogramm im Hollywood-Stil. Zum Abendessen war ein Tisch in einem luxuriösen Restaurant reserviert. Margaret versuchte mit allen Kräften, vor der Verabredung zu flüchten. Sie wollte nur am Strand spazieren gehen oder mit einem Buch im Bett liegen. Robert zwang sie praktisch trotzdem ins Restaurant. Statt ein Kleid anzuziehen und eine schöne Frisur zu machen, kam sie in einem Sportgewand herunter, das wie ein Pyjama aussah, und in gewöhnlichen Sandalen. Sie verstand natürlich nicht, warum sie einen besonderen Platz auf der Terrasse hatten, warum der Holzboden mit Blumen bedeckt war und überall Kerzen brannten. Als die Zeit für das Dessert kam, war Margaret schon so satt, dass sie Essen nicht einmal mehr ansehen konnte. Trotz ihrer aktiven Proteste bat Robert den Kellner, das Dessert zu bringen. **Khao niaow ma muang,** süßer thailändischer Reis mit Mango. Margaret rührte darin herum und ahnte nach wie vor gar nichts. Robert sah sie genau an, der Kellner kreiste um den Tisch und filmte heimlich am Mobiltelefon. Schließlich war das Dessert gegessen. In dem Moment, in dem der letzte Löffel den Weg zwischen Margarets Lippen gefunden hatte, wurden Robert und der Kellner ganz bleich.

„Ist alles in Ordnung?", fragte Margaret.

„Ähm, ja und bei dir?", fragte der Bräutigam. Als der Kellner schlussendlich nervös in die Küche zurücklief, ahnte Margaret, dass etwas nicht stimmte.

Aus der Küche kam eine ganze Truppe Köche, Kellner und anderes Personal. Sie liefen panisch zu anderen Gästen, die Desserts bestellt hatten, nahmen die Teller weg und rührten hysterisch mit den Löffeln darin.

In diesem Augenblick wurde klar, dass Robert ausgemacht hatte, den Ring im Dessert zu verstecken, damit die Überraschung gelingen würde. In der Küche lief aber etwas falsch und der Teller mit dem wertvollen Geschenk wurde einem anderen Gast gebracht. Der Ring wurde gefunden und Margaret erinnerte sich bis heute mit einem Lächeln an diesen Abend. Sie hatte alles Mögliche erwartet, aber nicht einen Heiratsantrag. „Wenn eine Frau sagt, sie will nicht heiraten, dann hat sie ihren Mann noch nicht getroffen. Es ist doch unmöglich, zum einzigen Geliebten ‚Nein' zu sagen.", waren Margarets Worte. Und ich denke die ganze Zeit daran, was denn gewesen wäre, wenn die Kellner den Ring nicht rechtzeitig gefunden hätten? Was hätte sich eine andere Frau gedacht, die diesen Ring in ihrem Teller gefunden hätte und wie hätte ihr Begleiter reagiert? Hätte er eine solche unerwartete Chance genutzt? Leider kann ich darüber nur raten.

15. **LAURA**

Unser Leben ist wie ein Schachspiel. Heute gewinnt weiß, morgen schwarz. Es ist das Gesetz der Welt, das nicht beeinflusst werden kann. Ungerechtigkeit ist überall und es ist wohl an uns, uns durch diese traurige Tatsache nicht bremsen zu lassen und unsere Träume weiter zu verfolgen.

Ich bereitete mich auf eine neue Anprobe vor und war sehr nervös. In der Stimme der Braut Laura hörte ich einen speziellen Unterton mit, dass sie eine besondere Klientin für mich werden würde.

Laura kam mit fünf Freundinnen zur Anprobe. Erstaunlicherweise waren mir alle ihre Gesichter nicht unbekannt. In den Jahren zuvor hatten sie alle in meinen Kleidern geheiratet.

Lauras Augen erkannte ich auch. So riesengroß, blau wie Kornblumen, mit einer unglaublichen Tiefe. An die Braut selbst erinnerte ich mich nicht sofort. Die junge Frau kam ins Atelier und stützte sich dabei an einer der Freundinnen ab. Ich sah, wie schwer das Gehen für sie war. Jeder Schritt bedeutete eine unsägliche Mühe. Die Freundin führte Laura langsam und geduldig zu mir.

„Anna, mein Name ist Laura, ich war schon oft in Ihrer Boutique mit dieser ganzen Armee. Ich habe einen Wunsch an das Universum gerichtet, nämlich in Ihrem Kleid zu heiraten."

Während Laura sprach, sah ich vor meinem inneren Auge kaleidoskopisch Bilder von den Anproben ihrer Freundinnen vorbeiblitzen. Im Detail sah ich sie alle, ihre Freudentränen, glückliche Lächeln und Umarmungen. Vor dem vorfreudigen Treiben tauchte das Bild der jungen Frau mit den unglaublichen Augen auf. Ich erinnerte mich, dass Laura zu jeder Anprobe mitgekommen war und allen ihre grenzenlose Aufmerksamkeit und Fürsorglichkeit gab. Sie teilte die glücklichen Momente mit ihnen und machte sie unvergesslich. Für eine Freundin hatte Laura Fotos aus ihrer Kindheit in Prinzessinnenkostümen ausgedruckt. Für eine andere plante sie einen Junggesellinnenabschied mit einem Profi-Visagisten und Fotografen bei der Anprobe. Zur dritten kam sie mit Luftballons, die mit Wünschen in den Himmel entlassen wurden. Für die vierte Freundin organisierte Laura ein Quiz-Spiel und die Freundinnen beantworteten gemeinsam Fragen aus ihrer gemeinsamen Kindheit. Zur fünften Anprobe brachte sie eine Flasche Champagner mit dem Namen der Braut auf dem Etikett. Alle diese Wunder geschahen in meiner Boutique. Wie konnte ich sie nur vergessen?

„Sie erkennen mich wahrscheinlich nicht und kein Wunder. Ich habe Krebs im Endstadium. Diese Krankheit hat mein Leben vollkommen verändert", sagte die junge Frau ruhig.

„Mein großer Traum soll in zehn Tagen erfüllt werden. Ich werde in einem Kleid von Ihnen heiraten! Ich hoffe, ich schaffe es und die Krankheit ist nicht schneller als ich."

Ich war beunruhigt. Im Kopf pochten alle möglichen Fragen. Wie? Warum? Ich konnte kein Wort sagen, in meinem Hals war ein Kloß. Meine Hände zitterten und ich hatte Tränen in den Augen.

Danach verlief alles wie im Traum. Ich verstand, wie kompliziert die Situation war. Wir suchten ein Kleid aus. Die Freundinnen halfen Laura, es anzuziehen. Jeder Schritt, jede Bewegung fiel der Braut sehr schwer. Trotzdem überwand sie die Schmerzen, strahlte und lächelte wie ein Engel.

Ich versuchte, es ihren Freundinnen gleich zu machen, die dem Prozess eine Leichtigkeit und Festlichkeit gaben. Sie scherzten, tranken Champagner, erinnerten sich an Momente aus ihrer Vergangenheit, sie weinten und taten so, als ob es Tränen der Freude wären. Es war klar, dass die Frauen sich von der Vergangenheit verabschiedeten und Laura losließen.

Die Braut stand vor dem Spiegel, zwei Freundinnen stützten ihren schwachen Körper von beiden Seiten. Ich stand auf den Knien, um die Länge des Kleides anzupassen. Als ich den Kopf senkte, merkte ich, dass mir Tränen über das Gesicht flossen. Heimlich wischte ich sie weg und versuchte weiterhin, Antworten auf die schrecklichen Fragen zu finden, die mir im Kopf herumschwirrten.

Die Arbeit war beendet. Die jungen Frauen setzten ihre Freundin auf einen Stuhl. Laura war erschöpft, ihr gingen die Kräfte aus. Ihre Freundinnen überreichten ihr ein Geschenk. Eine schöne Goldkette mit den Initialen ihrer Namen. Die Buchstaben reihten sich wie ein Perlenband entlang der Kette wie bei einem Collier. In diesem Moment schloss ich die Augen und wünschte aus vollem Herzen, dass Lauras Traum in Erfüllung gehen sollte. Das Kleid war fertig. Drei Tage vor dem Hochzeitstermin rief mich eine der Freundinnen Lauras an.

„Heute Nacht ist Laura für immer eingeschlafen", sagte sie leise. Ich stand lange schweigend da, das Telefon in der Hand. Wir hatten es nicht geschafft, Laura hatte es nicht geschafft. Manchmal gehen Träume nicht in Erfüllung. Mit der Zeit wurde mir klar, dass das nicht ganz stimmte. Der Traum Lauras wurde wahr. Sie war wahrhaftig glücklich, als sie ihre letzten Tage mit ihren Liebsten verbringen durfte. Sie hat es geschafft, den glücklichen Moment zu erleben und ihr Kleid auszusuchen und sie hinterließ wundervolle Erinnerungen für alle Menschen, die sie im Leben begleitet haben.

16. SUSANNE

Ich gestehe, dass Bräutigame eher seltene Gäste in meiner Boutique sind. Natürlich hätte es mich manchmal sehr interessiert, die Geliebten meiner Bräute zu sehen und darüber nachzudenken, wie sie zueinander passten. Sobald aber ein interessanter Gentleman über die Schwelle des Ateliers kam, überredete ich ihn mit aller Vehemenz, nicht am Ereignis teilzunehmen. Nicht aus einem Aberglauben heraus. Ich wollte damit den Zauber der Erwartung und die Sehnsucht verlängern. Der Moment, in dem der Bräutigam seine Geliebte im Hochzeitskleid sieht, ist unvergesslich und das bleibt es ein Leben lang.

An einem strahlenden Tag im Mai hing ich nach einer Anprobe die Kleider wieder an ihre Plätze. Da hörte man plötzlich ein lautes Quietschen von Bremsen. Ein gelber Ferrari kam plötzlich vor meiner Vitrine zum Stehen. Der nicht weniger attraktive Besitzer öffnete energisch die Tür und stand dann sofort im Atelier. Alles ging so schnell wie ein Raketenstart.

„Was kosten Ihre Kleider?", schoss es aus ihm heraus ohne jegliche Formalitäten und Begrüßungen.

„Das kommt auf den Stil des Kleides an. Kurz oder lang?", stellte ich ihm die Gegenfrage, ohne zu zeigen, dass seine Frage mehr als eigenartig war.

„Was kosten die günstigsten Kleider?", setzte er fort. Er sah sich ständig um, als ob jemand hinter ihm her wäre.

„Der Preis eines Brautkleides hängt von vielen Dingen ab: Wie komplex der Schnitt ist, welche Stoffe und Materialien verarbeitet wurden, von der Arbeitszeit und natürlich der Länge." Ich kann mich nicht erinnern, dass eine Braut je das günstigste Modell gewählt hätte, ohne auf das Design und den Schnitt zu achten. Selbst wenn die Kundin ein sehr begrenztes Budget hätte, würde sie keine sehr großen Kompromisse eingehen wollen. Sie muss spüren, dass sie das Wahlrecht hat. Das Hochzeitskleid ist kein Kleidungsstück, bei dem man seine Wünsche ignorieren sollte. Ich habe oft darüber gesprochen, dass man nicht unbedingt ein Hochzeitskleid kaufen muss. Warum nicht in Jeans und T-Shirt das Ja-Wort geben? Notfalls kann es auch ein elegantes, weißes Sommerkleid sein, wenn das Budget es nicht erlaubt, eines im Brautsalon zu erwerben.

Etwas später bemerkte ich eine junge Frau im Auto. Sie versuchte, aus dem Ferrari zu steigen, doch ihr großer runder Bauch machte es ihr schwer. Sie war offensichtlich hochschwanger. Als sie es doch herausschaffte, kam sie langsam, wankenden Schrittes ins Atelier herein.

Sie hieß Susanne. Als sie hereinkam, riss sie ihre großen braunen Augen erstaunt auf. Sie hatte die umfangreiche Auswahl von Seiden- und Spitzenkleidern hier nicht erwartet. Sie erinnerte mich an Alice im Wunderland, jedes Kleid bewunderte sie wie ein Museumsstück.

„Schatz, ich glaube, dass ich hier mein Traumkleid finden werde", sagte sie entschlossen. „Ich bin sicher, ich schaffe das auch ohne dich sehr gut."

Die junge Frau zwinkerte kokett, küsste ihren Liebsten auf die Wange und drehte ihn zur Tür.

Der Bräutigam wurde ungeschickt. Er hatte scheinbar geplant, länger im Salon zu bleiben. Ich unterstützte Susanne mit Freude. Wie gesagt, Männer sind nicht die besten Helfer, wenn es um das Aussuchen von Seide oder Spitze für die Hochzeit geht. Viele Bräutigame fühlen sich im Brautsalon hilflos. Ich wünsche mir meinerseits auch, dass der Mann seine Braut erst dann im Kleid sieht, wenn es ideal sitzt, also am Tag der Hochzeit. Wenn er sie früher zu Gesicht bekommt, dann gibt es den Wow-Effekt nicht mehr, sondern eher ein Déjà-vu.

„Bist du sicher, dass du das allein schaffst?", fragte er nervös. „Sag mir den Preis, bevor du das Kleid kaufst."

„Natürlich, Schatz", sagte Susanne entspannt, ohne den Worten besondere Bedeutung beizumessen.

In mir zog sich alles zusammen. Jede Zelle meines Körpers protestierte. Ich wollte dazwischenrufen, überzeugen, etwas beweisen, aber ich schwieg lieber.

Wir gingen an die Arbeit. Natürlich wartete ich auf die Frage nach dem Preis. Die junge Frau beeilte sich jedoch nicht damit, sie betrachtete sorgfältig alle Modelle.

Susanne blühte wie eine Rose, die Schwangerschaft ließ sie weich wirken, zurückhaltend und keusch, so paradox, wie das klingen mag. Die werdende Mutter wählte ein Kleid im viktorianischen Stil aus, mit einer Empire-Taille. Die weichen Seidenfalten umrahmten ihren Bauch. Das Oberteil war geschmückt mit karamellfarbener Spitze. Die Zartheit in Person! Die cremefarbene Seide unterstrich ihren Hautton und ihre rosigen Wangen.

Die Braut sah sehr glücklich aus. Sie streichelte ihren Bauch und schien ganz woanders mit den Gedanken zu sein. Vielleicht träumte sie von ihrem Hochzeitstag oder davon ihr Baby in den Armen zu halten.

Susanne war eine sehr unkomplizierte Kundin. Mit der Qualität war sie sehr zufrieden und auch der finanzielle Teil wurde nicht nachverhandelt.

Als wir die Bestellung abwickelten, stellte sie mir eine ungewöhnliche Frage.

„Anna, ich möchte eine delikate Sache ansprechen. Es geht darum, dass mein Verlobter mir ein finanzielles Limit für das Brautkleid gesetzt hat und es ist genau die Hälfte vom Gesamtpreis des Kleides, das ich gewählt habe. Es ist also nur die Höhe der Anzahlung."

„Das ist natürlich völlig absurd. Für diesen Preis werde ich kein hochwertiges Modell finden. Aber mein zukünftiger Mann hat eine ganz andere Vorstellung vom Hochzeitskleid. Für ihn ist das eine sinnlose Geldverschwendung."

Ich war sehr betroffen und mir tat Susanne plötzlich sehr leid. Sie sprach weiter:

„Ich würde Sie bitten, mir zwei Rechnungen auszustellen. Die Anzahlung zuerst und diese werde ich meinem Mann als die vollständige Rechnung vorlegen. Den Rest bezahle ich selbst."

Gesagt, getan. Ich konnte das einfach nicht verstehen. Ich hatte großes Mitleid mit der schönen Susanne. Warum ließ sie zu, dass man so mit ihr umging? Was für Rahmen und Limits wird der frischgebackene Ehemann denn nach der Hochzeit noch stellen? Susannes Telefon läutete.

„Ja, Schatz, alles gut, ich habe mein Traumkleid gefunden, zu einem perfekten Preis!", sie sprach so natürlich, als ob sie wirklich daran glaubte. Vielleicht war sie es schon gewohnt, diese Rolle zu spielen.

Die Ehe ist keine Bühne, sondern das echte Leben. Darin ist kein Platz für vorgezeichnete Rollen und Drehbücher. Ich kann nicht sagen, wie Susannes Leben nach der Hochzeit verlief. Vielleicht ist es aber auch gut so, weil sonst der Protest und das Mitleid für diese Frau ständig in meinen Gedanken gewesen wäre und mir keinen Raum gelassen hätte, mich auf neue bezaubernde Bräute zu konzentrieren.

Weil diese Gedanken sonst zu viel Raum eingenommen hätten. Raum, den ich zu 100% meinen neuen Bräuten widmen möchte.

17. OLIVIA

Es gibt Frauen, die alterslos sind. Sie sind so wunderschön und gepflegt, dass man auch bei genauestem Hinsehen nicht bestimmen kann, wie alt sie tatsächlich sind. Solche Schönheiten ziehen immer meine Aufmerksamkeit auf sich, weil in ihnen eine große Macht steckt, eine tiefe Anziehungskraft, zu der nur Auserwählte einen Zugang bekommen.

So eine erstaunliche Frau war Olivia. In ihrer deutschen Natur steckte eine wahrhaft französische Seele mit bestem Geschmack und betörendem Charme.

Ihre kurzen, blondierten Haare waren natürlich gestylt und ergänzten ideal ihr authentisches Aussehen. Ein leichtes, beinah unbemerkbares Make-Up unterstrich ihre feinen Gesichtszüge und ihr folgte ein zarter Parfumduft mit saftigen, fruchtigen Orangennoten.

Olivia kam in mein Atelier in der Begleitung eines gutaussehenden, jungen Mannes. Ich war mir sicher, dass es der Bräutigam war und war verwirrt, als er sich als ihr Sohn vorstellte.

Das Gesicht der Braut leuchtete vor Freude und sie selbst flatterte wie ein Schmetterling von einer Kleiderstange zur nächsten. Sie wirkte mehr wie ein jugendliches Mädchen als die Mutter eines erwachsenen Sohnes. Ebenso leicht und ungezwungen war ihre Modellauswahl. Olivia entschied sich für ein romantisches Kleid aus feinstem Organza, schwerelos wie eine Wolke. Sie strahlte so viel Freude, Güte und Positivität aus, vermutlich war ihr ganzes Leben so leicht und unbeschwert.

Mit jeder Anprobe verwandelte sich Olivia mehr und mehr. Ihre Figur wurde mit jedem Kleid scheinbar perfekter und die Gesamterscheinung wirkte immer himmlischer. Sie selbst war ein Kunstwerk, und die Natur ein begnadeter Künstler. Ich konnte gar nicht aufhören, den Charme dieser Frau zu bewundern und zu staunen, wie großzügig das Universum sein konnte.

Etwa zehn Tage vor der Hochzeit läutete jedoch das Telefon. Die Stimme meiner Braut klang mitgenommen und mir wurde klar, dass etwas nicht in Ordnung war. Diese Vorahnung wurde bestätigt, als wir uns trafen. Vor mir stand ein ganz anderer Mensch. Zerzauste Haare, verschmiertes Make-Up, zitternde Hände ... Ihre Stimme bebte und es dauerte einige Minuten, bis sie begann zu sprechen.

Ich wollte sie ganz intuitiv in die Arme schließen und Olivia schluchzte los. Sie sah mich mit riesengroßen, tränenerfüllten Augen an und sagte:

„Anna, ich habe die größte Dummheit meines Lebens begangen."

In meinem Kopf spielten sich einige Szenarien ab. Ein Vergehen des Bräutigams, ein neues Kleid, eine Verschiebung oder gar Absage der Hochzeit ... Ich musste etwas tun, eine Frage stellen und alles klären, aber ich war vor Angst wie gelähmt. Ich wartete qualvoll darauf, dass Olivia alles erzählen würde. Sie zog langsam ihre stilvolle Lederjacke aus und drehte sich mit dem Rücken zu mir. Ich sah eine türkisblaue Wolke mit einer riesigen, feurig-orangefarbenen Sonne. Der Effekt war so stark, dass man wie ein Vogel in diesen blauen Himmel fliegen wollte. Olivias Schulter zierte ein beeindruckendes, riesengroßes Tattoo, das sich über das gesamte Schulterblatt zog.

Seine Entstehungsgeschichte war durchaus nüchtern. Olivia war nach vielen Überstunden angespannt und müde, in der Familie gab es Spannungen, der ständige Stress nahm Überhand. Was machen Frauen oft in solchen Situationen? Richtig, sie verändern etwas. Manche wechseln sie die Haarfarbe, ändern ihre Garderobe oder beginnen ein neues Hobby, Olivia wollte anfangs nur ein kleines Tattoo auf ihrer Schulter verändern. Der Tätowierer war gerne dazu bereit und schlug vor, das alte Tattoo zu überdecken. Meine Hauptdarstellerin vertraute dem Künstler und ließ ihn frei arbeiten, ohne das Design vorher mit ihm abzustimmen. „Wie ist sowas nur möglich?", fragen Sie vielleicht. Mir schwebte diese Frage auch vor, aber ich wollte Olivia nicht noch zusätzlich traumatisieren und beschloss zu schweigen.

Als sie das neue Tattoo im Spiegel gesehen hatte, war Olivia entsetzt. Ihr Schock ging auch auf den Tätowierer über, sogar so sehr, dass er nicht mehr weiterarbeiten konnte. Der Arme musste mit zitternden Händen sein Werk fortsetzen. Aber allen Gefühlen zum Trotz war das neue Tattoo schon gemacht und der Braut blieb nichts anderes übrig, als diese Tatsache zu akzeptieren.

„Anna, tun Sie doch bitte etwas! Meine Großmutter darf das nicht sehen!", sagte die erwachsene Frau.

„Lassen Sie uns noch das Design des Kleides noch ändern, wir könnten breite Träger machen, oder ein leichtes Bolerojäckchen oder ein Schal ..."

„Was hat dieses Ereignis eigentlich mit der Großmutter zu tun?", dachte ich mir und sagte:

„Liebe Olivia, ein Bolero passt zu diesem Kleid einfach gar nicht dazu und selbst wenn Sie eine Stola nehmen, ist der Stoff so dünn, dass man das Tattoo trotzdem sehen wird. Das wird sie nur noch mehr enttäuschen, weil es dann nur wie ein verschwommener bunter Fleck aussehen wird."

Olivia bestand lange auf eine Veränderung. Es war nicht einfach, ihrer Verzweiflung entgegenzuhalten. Letztendlich riet ich ihr, sich langsam an ihr neues Erscheinungsbild zu gewöhnen und sich damit zu akzeptieren. Sie nahm meinen Rat dankbar an und betrachtete sich jeden Tag einige Minuten lang im Spiegel.

Für viele von uns ist die Hochzeit mit viel Stress und Druck verbunden. Wir sind dann Darsteller in unserem eigenen Stück, auf die alle Scheinwerfer gerichtet sind. Jeden Moment wird der Applaus des Publikums erklingen, aber die Hauptdarstellerin, die Braut, ist noch nicht bereit. Alle erwarten, dass sie wunderschön wie ein weißer Schwan ist, dass die Feier nach allen bekannten Traditionen verläuft und alle Regeln eingehalten werden. Wir vergessen dabei, dass das Leben kein ideales Theaterstück ist. Es ist echt und unvorhersehbar und genau deshalb so wundervoll. Wir müssen das Leben in all seiner Vielfalt annehmen und uns darin.

Die Hochzeit von Olivia fand statt. Auf den Bildern strahlte die Braut voller Glück. Im Übrigen hat die Großmutter, um die sich Olivia so sorgte, nichts Außergewöhnliches bemerkt.

18. Sophie

Im Laufe der Jahre habe ich in meiner Arbeit immer wieder spannende Verhältnisse zwischen Müttern und Töchtern erlebt. Mich hat schon immer die Frage beschäftigt „Was bewegt die Mütter dabei, wenn sie, ohne es zu merken, viel zu aktiv in die Organisation der Hochzeit und der Auswahl des Hochzeitskleides der Tochter eingreifen?" Ich konnte sogar eine „wissenschaftliche Forschung" durchführen. Das Hochzeitskleid überspringt in der Regel eine Generation. Wenn man meinen befragten Klientinnen Glauben schenken darf, so haben in den meisten Fällen ihre Mütter nicht in einem klassischen, weißen Kleid geheiratet, ihre Großmütter dagegen waren richtige „Vorzeigebräute".

In diesem Kapitel möchte ich von Sophie und ihrer Mutter Brigitte erzählen. Brigitte wohnte nicht weit von meinem Atelier. Sie kam zu mir, als die Hochzeitsvorbereitungen schon voll im Gange waren. Sophie selbst wohnte nicht in Berlin, daher war ihre Teilnahme an allem von der Ferne aus. Nachdem wir uns kennengelernt hatten, war Brigitte bereits ein Stammgast. Es ging so weit, dass sie jeden Tag da war wie ein Späher. Mal zeigte sie mir einen Ausschnitt aus der Vogue mit unterschiedlichen Modellen, dann verbrachte sie Stunden damit, die Muster der Spitzen zu betrachten oder kam einfach „Nur so, um zu sehen, ob es etwas Neues in der Boutique gibt". Manchmal wirkte es so, als ob es ihre Hochzeit wäre und nicht die von Sophie. Beinahe vier Monate lang überschüttete sie mich mit ihren Ideen und Fragen zum Hochzeitskleid. Alle Modelle waren in ihrem Kopf schon perfekt katalogisiert. Sie hatte die Besonderheiten aller Stoffe und Schnitte auswendig gelernt. Ich hatte noch nie so eine akribische Dame erlebt.

An einem sonnigen Apriltag stürmte Brigitte wieder in den Salon. Die Wangen glühten, die Augen glänzten. Nachdem sie Luft geholt hatte, sprudelte aus ihr heraus, dass Sophie übers Wochenende kommt und schnellstens einen Anprobe-Termin benötigt. Ehrlich gesagt, hatte ich bereits begonnen zu zweifeln, ob Sophie tatsächlich existierte.

Sophie sah aus wie Schneewittchen. Dunkle, dichte Haare, tiefe braune Augen und milchig weiße Porzellanhaut. Ihre modische Erscheinung verriet mir, dass sie zum Minimalismus neigte. Ein weit geschnittenes, altrosa Kleid floss weich über ihre zarte Figur. Ein oversized Blazer aus Wolle in einem dunkleren, weinroten Ton unterstrich zusätzlich ihren idealen Hautton.

Zu Sophies Besuch war ihre Mutter schon ideal vorbereitet. Zuerst führte Brigitte vor, wie gut sie meine aktuelle Kollektion kannte. Sie nannte jedes Modell mit seinem Namen, als ob es sich um alte Bekannte handeln würde, ohne sich auch nur einmal zu irren. Die Anprobe-Liste wollte nicht enden. Da waren beinahe alle Kleider dabei! Erst dann begriff ich, dass Brigitte einfach den einzigartigen Moment der Auswahl verlängern wollte, ihr war von Beginn an klar, dass manche Modelle gar nicht zu Sophie passten.

Sophie zog gehorsam nacheinander die seidigen Wolken und prachtvollen Spitzen an. Sie stand dann schweigend vor dem Spiegel, dann drehte sie sich zu ihrer Mutter um und gab immer die gleiche Bewertung ab: „Sehr schönes Kleid, aber nicht meins."

Es schien, als würde es eine Ewigkeit dauern. Und erneut brachte Brigitte ein Kleid zum Anprobieren, diesmal im viktorianischen Stil in mit hoher Taille, Spitzen aus Batist und einem Satinband. Sie verlangte nach einem doppelten Schleier (einer, der das Gesicht verdecken würde) und langen Satinhandschuhen und verharrte in gespannter Erwartung. Sophie wollte ihrer Mutter nicht widersprechen und probierte auch dieses Modell.

Ich spürte, dass ich das Ganze durchbrechen musste und beschloss, in die Geschehnisse einzugreifen. Es war merklich schon zu viel Zeit leider nicht in Sophies Interesse genutzt worden.

„Sophie", fragte ich vorsichtig, „Sie haben heute schon so viele Kleider anprobiert, vielleicht beschreiben Sie mir, wonach Sie suchen?"

Die junge Frau drehte sich um und ich sah die stumme Dankbarkeit in ihren Augen.

„Mama, das ist ein sehr schönes Kleid, aber ich sehe mich leider gar nicht darin."

Ich bereitete ein paar Modelle für Sophie vor. Eines davon war schmal geschnitten, mit aufgenähten Streifen aus Seidenchiffon. Ich ließ das Ende des Chiffons absichtlich unbearbeitet, was dem Kleid eine Schwerelosigkeit gab. Sophie sah darin aus wie ein wunderschöner Schwan, fein und filigran. Der Chiffon bewegte sich bei jeder Geste mit und gab der jungen Frau eine engelhafte Eleganz und Grazie.

Meine Gäste begannen zu weinen. Jene Freudentränen, von denen das Atelier erfüllt wird, sobald die wichtigste Wahl getroffen ist. Mutter und Tochter strahlten und tranken Champagner nach der Anprobe.

„Brigitte, in was für einem Kleid haben Sie selbst geheiratet?"

Brigitte errötete leicht und antwortete etwas verlegen: „Ach, wenn ich ehrlich bin, zu meiner Zeit war es nicht so üblich, in Weiß zu heiraten. Ich bin aus der 68er-Generation, Hippies, Sie wissen schon. Ich habe in einem Minirock aus rotem Lackleder geheiratet, das war mehr ein Hüftgürtel. Statt eleganter Schuhe trug ich kniehohe Stiefel. So eine Braut war ich."

Wir mussten darauf alle herzlich lachen. Es wurde klar, dass Brigitte alles aufgeholt hatte, was ihr bei ihrer Hochzeit entgangen war.

19. **TINA**

Tina war eine langbeinige, schlanke Blondine mit einem langen, dicken Zopf. Diese Schönheit gewann mich mit ihren Ansichten zu prachtvollen Hochzeiten.

Noch bevor ich Tina kennenlernte, verabschiedete ich meine frisch gebackenen Bräute, die ihre Kleider abholten, immer mit den Worten: „Haben Sie eine wundervolle Hochzeit! Genießen Sie jeden Moment dieses besonderen Tages, aber ich wünsche Ihnen trotzdem, dass es nicht DER glücklichste Tag in Ihrem Leben ist, wie uns so oft eingeredet wird."

Oft enden Märchen von Prinzen und Prinzessinnen nur mit der Hochzeit. Wenn man aber mal genauer darüber nachdenkt, was bedeutet denn „der glücklichste Tag" im Leben? Wenn dieser Tag vorbei ist, geht es dann nur mehr bergab? Was ist mit der Geburt eines Kindes? Und alle Phasen im Leben, wenn Beziehungen noch mehr an Tiefe und Stabilität gewinnen?

Die Anprobe mit Tina war einfach. Es war deutlich zu sehen, wie sehr die Schönheit jeden Moment genoss. Viele Modelle passten ihr schon allein deswegen, weil sie eine großartige Figur besaß. Sie verschönerte jedes Kleid, das sie anprobierte.

Tinas Wahl fiel auf ein Kleid mit Spitzen im Art-Deco-Stil. Die markanten Muster unterstrichen die tadellose Figur der jungen Frau noch zusätzlich. Sie stand vor dem Spiegel, und brachte mit ihrem Strahlen auch das Kleid zum Leuchten.

„Ich habe noch nie so etwas gesehen!", sagte sie völlig verzaubert von der Seide und Spitze. „Und diese Schleppe! Das ist einfach märchenhaft. Wir müssen uns aber überlegen, wie man sie feststecken kann, ich muss durch die ganze Stadt damit!"

„Das ist kein Problem, die Schleppe hat einen Knopf, Sie können sich damit dann frei bewegen. Aber was meinen Sie damit, durch die ganze Stadt?"

„Wir haben kein eigenes Auto und haben entschieden, keine Limousine zu mieten, das sind einfach nicht wir!"

Sie lachte glücklich, öffnete ihren Zopf und ließ ihre Haarpracht auf ihre zarten Schultern fallen. Die Röte auf den Wangen gab ihr eine solche Frische! Von mir aus hätte sie den Salon auch gleich so verlassen können, im Kleid, wie eine echte Braut.

Einige Wochen nach Tinas Hochzeit bekam ich eine E-Mail mit Fotos und Videos. Das Paar fuhr mit den öffentlichen Verkehrsmitteln; Auf einem Video war zu sehen, wie sie ihren ersten Tanz in der U-Bahn mit der Begleitung eines Straßenmusikers tanzten! Und das erstaunte Publikum aus Passanten applaudierte den Verliebten. Man sah, wie eine Frau sich Tränen aus den Augen wischte. Eine andere drückte sich an ihren Begleiter und sah wie gebannt auf dieses märchenhafte Geschehen. Es schien so rührend, aber gleichzeitig auch so natürlich. Sie waren glücklich und ganz authentisch.

Von Kindheit an sind wir es gewohnt, Hochzeiten zu idealisieren. Bei vielen Frauen bleibt vermutlich auf einer unterbewussten Ebene die Ansicht bestehen „Je prächtiger ein Hochzeitsfest, desto stärker ist der Beweis, dass ich es wert bin". Für andere ist es wiederum das Gefühl, von jemandem gewählt worden zu sein. Viele träumen von der Hochzeit als eine Art öffentliche Veranstaltung, ein Beweis, dass man auserkoren wurde, die Lebensbegleiterin zu werden. Und das Publikum darf Zeuge sein.

Aber es gibt auch die Menschen, für die ihre Hochzeit einer der unvergesslichen Tage im Leben ist. Aber genauso echt und authentisch, wie sie es an den anderen Tagen ihres Lebens selbst sind.

20. ANNA

Das war ein sehr eigenartiger Tag für mich. Der Tag meiner Scheidung. Ich fühlte mich seltsam. Es schien, dass alles geklärt war, alles entschieden. Aber die furchtbare Traurigkeit verließ mich nicht, eine qualvolle Sehnsucht nach der Vergangenheit.

Bevor ich zum Gericht fuhr, hatte ich noch eine Anprobe mit einer Kundin, die mit ihren Eltern gekommen war. Sie wollte sich vor der Hochzeit noch einmal im Hochzeitskleid sehen.

Der Vater der Braut war sehr gerührt, als er seine wunderschöne Tochter in der weißen Spitzenpracht strahlen sah. Der Moment war unvergesslich, er wischte sich die Tränen aus den Augen und die Mutter der Braut strich ihm über die Schulter und versuchte, ihn zu beruhigen.

„Sie ist wunderschön, nicht wahr?", flüsterte die ältere Frau.

„Ja, so wie du an unserem Hochzeitstag vor 32 Jahren", antwortete er.

Mein Herz zog sich zusammen und ich begann beinahe selbst zu weinen. Es war zu emotional und fast schmerzhaft romantisch am Tag meiner Scheidung.

Plötzlich drehte sich der ältere Herr zu mir um und bat mich, Musik aufzulegen. Ich fand seinen geliebten Walzer schnell auf YouTube. Der unglaublich elegante Gentleman drehte zuerst seine Tochter im Tanz und dann ihre Mutter. Es war rührend anzusehen, wie er seine wunderbaren Damen an der Taille hielt und kleine Schritte setzte.

Mir stockte der Atem. Alle Familienmitglieder schienen so glücklich und sie erlebten jeden Moment mit einer unmittelbaren Freude.

„An Ihnen müssen wir uns alle ein Beispiel nehmen!", sagte ich.

„Wieso denn?", fragte die Brautmutter.

„Sie sind so lebendig, authentisch und glücklich nach so vielen Ehejahren."

„Das ist sehr freundlich von Ihnen, aber wir sind bereits seit 18 Jahren geschieden!" Meine „idealen" Eheleute begannen herzhaft zu lachen.

Ich war ganz verblüfft, meine Worte wurden mir sogar etwas peinlich. Wir Menschen haben selbst die Ehe und die Misserfolge, die damit verbunden sein können, erfunden. Wir neigen dazu, jene Verbindungen zu idealisieren, die ein Leben lang halten. Beständigkeit ist jedoch nicht immer ein Zeichen für Glück. Jede Ehe hätte viel höhere Erfolgschancen, wenn sie auf Zeit geschlossen werden würde, zum Beispiel auf fünf oder zehn Jahre. Nach dem Ablauf dieser Frist müsste dann jeder der beiden Partner sein Verhalten, seine Einstellungen und Werte betrachten und sich mit der Frage befassen, ob man die nächsten zehn Jahre auch mit dem gleichen Menschen verbringen will. Möglicherweise könnte eine so genaue Analyse und eine gut durchdachte Entscheidung vieles beeinflussen. Viele von uns würden den Partner nicht mehr als eine Selbstverständlichkeit betrachten. Manche würden sich die Frage stellen, warum etwas in der Beziehung nicht funktioniert und ob man etwas daran verbessern kann. Andere wiederum würden vielleicht nicht mehr so stark mit dem Strom schwimmen und nichts unternehmen, um eine Ehe zu retten. Wir führen immer wieder Updates am Smartphone und Computer durch, aber vergessen auf die ebenso essenziellen Updates und Wartungsarbeiten, die eine Beziehung benötigt.

Ich bin sicher, dass viele Paare sich ohne Streit trennen könnten, dafür aber mit Dankbarkeit für die durchlebte Erfahrung und den gemeinsam gegangenen Weg. Alle diese noblen Gedanken gingen mir durch den Kopf, während ich auf dem Weg zum Amtsgericht im Stau stand. Ich sah auf die Uhr und begriff, dass ich viel zu spät dran war. Würde ich mich verspäten, hieße das, meine eigene Scheidung zu verpassen.

Ich wusste nicht, ob ich bei dem absurden Gedanken lachen oder weinen sollte. In Deutschland ist eine Scheidung bekanntlich ein langwieriger und kostspieliger Prozess. Ich rief meinen Noch-Ehemann an und bat ihn, jemanden aus der Warteschlange vorzulassen. Als ich es dann doch rechtzeitig zum Gericht geschafft hatte, war ich erstaunt, dass dort mehr Menschen auf ihre Scheidung warteten, als sich bei einem Ostergottesdienst in der Kirche einfanden.

Der Prozess selbst dauerte keine fünf Minuten. Alles verlief knapp und sachlich. Ähnlich der Standesamt-Routine. „Herr/Frau So-und-So, wollen Sie sich wirklich scheiden lassen, so antworten Sie mit ‚Ja!'"

Am Ende aller Formalitäten hatte ich innerlich plötzlich das Bedürfnis, die Papiere zu unterschreiben, worauf mir die Richterin trocken sagte, dass wir nicht am Standesamt seien.

Und so waren wir geschieden. Mein nunmehriger Ex-Mann schlug mir vor, auf unsere vergangene Ehe mit einem Glas Sekt anzustoßen, gleich auf der Terrasse des Gerichtsgebäudes. Für mich war es nach wie vor gewöhnungsbedürftig, so viele Menschen in einer unangenehmen Situation zu sehen. In den Gängen und Sälen des Gerichts herrschte eine schwere Atmosphäre, erfüllt von negativen Emotionen, Schmerz und der Sehnsucht nach dem, was unwiederbringlich der Vergangenheit angehörte.

Als wir schließlich aus dem Gebäude heraus gingen, warf meine Anwältin locker ihren schwarzen Umhang ab und sagte strahlend zu mir:

„Anna, ich möchte einen Anprobe-Termin bei Ihnen vereinbaren, ich heirate bald!"

Aber das ist eine ganz andere Geschichte.

Danksagung

Ich möchte mich ganz herzlich bei meinen frühen Leser für ihr großes Hirn und ihre Geduld bedanken:
Sandra Fischer, Gudrun und Hendrik Hausding.
Danke an meinen geliebten Cyril Ricciardi für seine grenzenlose Liebe und seine Flügel, die mir helfen, aufzusteigen.
Vielen Dank an Sandra Fisher und Tanya Kobrina für echte Frauenfreundschaft.
Vielen Dank an meinen Ex-Ehemann für den gemeinsamen Weg und für unseren Sohn.
Mit Liebe wie immer für meiner Familie.
Vielen Dank an meinen großartigen Sohn Valentin, meine beiden Schwestern Irina und Anja, und meine magische
Nichte Aurora. Besonderen Dank an meine treueste Begleiterin und Assistentin – meine Mopsin Pepper.
Danke an all die einzigartigen Frauen, die meine Kleider ausgesucht haben – ihr seid meine Musen und eure Geschichten sind meine Inspirationen.
Danke an all meine Geschäftspartner und an alle, mit denen uns das Schicksal außerhalb des Brautmodeateliers zusammengeführt hat.
Danke an den Verlag und an alle Leserinnen und Leser.

Die Autorin

Anna Ugryumova wurde 1981 in Kiew geboren. Schon in jungen Jahren zog es sie hin zum Modedesign. Nach ihrer Ausbildung eröffnete sie ihr eigenes Brautmoden-Atelier Felicita Design in Berlin. Seit 2022 ist Anna auch als Kunsttherapeutin und Kunstcoach tätig.

Doch die kreative Gestalterin hat auch ein bewegtes Privatleben. Sie ist Mutter eines großartigen Sohnes und eines kleinen Mopses. Auch ihre Freizeit widmet Anna der Kunst. Sie liebt es, zu malen und hat auch eine besondere Gabe dafür, ihre Mitmenschen zu inspirieren.